In dieser Reihe sind
bisher erschienen:

Richtig Aerobic
Richtig Aikido
Richtig Ausdauertraining
Richtig Badminton
Richtig Basketball
Richtig Bergsteigen
Richtig Body-Styling
Richtig Carven
Richtig Fahrtensegeln
Richtig Fitness-Skating
Richtig Frauenfußball
Richtig Fußball
Richtig Golf
Richtig Golf länger und genauer
Richtig Golf rund ums Grün
Richtig Handball
Richtig Hanteltraining
Richtig Hochtouren
Richtig Hockey
Richtig Inlineskaten
Richtig Judo
Richtig Kanu fahren
Richtig Karate
Richtig Krafttraining
Richtig Laufen
Richtig Marathon
Richtig Mountainbiken
Richtig Nordic .
Richtig Paragliding
Richtig Qi Gong
Richtig Reiten
Richtig Rennrad fahren
Richtig Sanftes Krafttraining
Richtig Schwimmen
Richtig Segeln
Richtig Skitouren
Richtig Snowboarden
Richtig Sporternährung
Richtig Sportklettern
Richtig Stretching
Richtig Taekwondo
Richtig Tai-Bo
Richtig Tai Chi
Richtig Tanzen Lateinamerikanische Tänze
Richtig Tanzen Modetänze
Richtig Tanzen Standardtänze
Richtig Tauchen
Richtig Tennis
Richtig Tennistraining
Richtig Tischtennis
Richtig Torwarttraining
Richtig Trainieren im Fitness-Studio
Richtig Trainieren mit der Pulsuhr
Richtig Trainieren mit dem Thera-Band
Richtig Triathlon
Richtig Volleyball
Richtig Walken
Richtig Yoga

Peter Konopka

richtig rennrad fahren

blvsportpraxistop

blv

Bibliographische Information
Der Deutschen Bibliothek
Die Deutsche Bibliothek verzeichnet diese Publikation in der Deutschen Nationalbibliographie; detaillierte bibliographische Daten sind im Internet über http://dnb.ddb.de abrufbar.

Dr. Peter Konopka, Internist, Sportmediziner, war zwölf Jahre ärztlicher Betreuer der deutschen Radnationalmannschaften zusammen mit Radweltmeister Rudi Altig als Bundestrainer. Außerdem war er selbst aktiver Radrennfahrer, Olympiaarzt bei den Olympischen Spielen in München und ärztlicher Betreuer bei 16 Weltmeisterschaften. Seine Bücher über Sporternährung und Radsport sind Bestseller. Durch seine reichhaltigen Erfahrungen hat er die Fähigkeit, wissenschaftliche Erkenntnisse praxisnah darzustellen.
(Kontakt und Link: www. konopka-dr.de)

BLV Buchverlag GmbH & Co. KG
80797 München

Sechste, neu bearbeitete Auflage
(Neuausgabe)

Lektorat: Maritta Kremmler
Layoutkonzeption: Buch & Konzept, Annegret Wehland, München
Layout und Satz: Uhl+Massopust, Aalen
Herstellung: Rosemarie Schmid
Umschlaggestaltung: Sabine Fuchs, fuchs_design, Ottobrunn

Gedruckt auf chlorfrei gebleichtem Papier

Printed in Germany
ISBN-10: 3-8354-0164-5
ISBN-13: 978-3-8354-0164-8

Bildnachweis
Alle Fotos von P. Witek außer:
Archiv Firma Campagnolo: S. 21 o., 22 (2) Archiv Firma Polar: S. 37 u. re.
Archiv Firma Sigma Sport: S. 37 u. li.
I. Froböse: S. 35 u.
S. Heigl: S. 116, 117
E. Kahlich: S. 34 o., 45, 89, 126 (2)
P. Konopka: S. 12, 17, 18, 19, 20 (2), 21 u., 23 (2), 24 (2), 26 (2), 27, 28 re., 29, 34 u., s35 o. (2), 39, 57
S. Penazzo: S. 69
C. Reinhard: S. 5 u., 75, 79, 83
Umschlagfotos: picture alliance/OKAPIA KG/ © Jörg Mischke (Vorderseite), Peter Witek (Rückseite)
Grafiken: Jörg Mair

Hinweis
Das vorliegende Buch wurde sorgfältig erarbeitet. Dennoch erfolgen alle Angaben ohne Gewähr. Weder Autor noch Verlag können für eventuelle Nachteile oder Schäden, die aus den im Buch vorgestellten Informationen resultieren, eine Haftung übernehmen.

Einführung

Der Radrennfahrer ist der »Kaiser der Athleten«. Er ist leistungsfähiger als alle anderen Sportler. Bei Etappenrennen wie der Tour de France müssen die Fahrer bis zu drei Wochen lang täglich Höchstleistungen vollbringen. Untersuchungen belegen, dass Straßenradrennfahrer in der Ausdauerleistungsfähigkeit allen anderen Sportlern überlegen sind. Sie müssen ausdauernd sein wie Marathonläufer, schnell wie Sprinter und kräftig wie Ruderer.

Straßenradrennfahrer haben die größte maximale Sauerstoffaufnahmefähigkeit pro Kilogramm Körpergewicht, das größte Herzvolumen und die größte Lungenkapazität in einem einzigen Organismus vereint. Dabei legen die Giganten der Landstraße jedes Jahr 30000 bis 40000 Kilometer auf dem Rennrad zurück. Drei bis sechs Millionen Pedalumdrehungen sind dazu notwendig – ohne dass es zu Gelenkschäden kommt. Denn der Radsport schont Gelenke, Sehnen und Bänder – und führt trotzdem zu allen gesundheitlich wertvollen Anpassungserscheinungen im menschlichen Körper.

Obwohl Radfahren so einfach aussieht, gibt es auch heute noch viele Geheimnisse der Leistungsentfaltung. Allein die miteinander konkurrierenden Eigenschaften »Ausdauer« und »Kraft« stellen Radsportler immer wieder vor Probleme in Training und Wettkampf. Neuere Untersuchungen über Muskelfaserstruktur und Stoffwechsel helfen heute dem Radsportler, meist alte Erfahrungen großer Radrennfahrer stichhaltig zu untermauern.

Das Ziel dieses Büchleins ist es, alte Erfahrungen im Radsport mit modernsten wissenschaftlichen Erkenntnissen zu verbinden, um den Trainingsprozess zu optimieren.

Optimales Training bedeutet, mit möglichst geringem Zeitaufwand das bestmögliche Ergebnis zu erzielen. Dabei ist es notwendig, den Trainingsprozess bewusst zu erleben.

Erst dann erwacht die Faszination und Leidenschaft für diesen Sport, wenn es gelingt, die Leistungsentwicklung des eigenen Körpers – der menschlichen Maschine – mit der Rennmaschine harmonisch in Einklang zu bringen. Die Gesetze der Entfaltung von Persönlichkeit und Leistung gelten sowohl im Leistungssport als auch im Gesundheits- und Breitensport, für Mann und Frau, für Jung und Alt, also auch für Sie.

Das Büchlein wendet sich an den sportlichen Tourenfahrer bis hin zum passionierten Straßenradrennfahrer, gleichgültig ob Mann oder Frau, ob Jugendlicher oder Seniorenfahrer.

Dr. Peter Konopka

Ausrüstung

Radtypen

Es gibt eine Reihe unterschiedlicher Fahrradtypen, die sich in ihrer Bauweise entsprechend den Bedürfnissen und Vorschriften in den einzelnen Radsportdisziplinen unterscheiden. Bahnräder haben weder Bremsen noch Freilauf, Crossräder sind mit besonderen Reifen und Bremsen ausgestattet usw.
Die Radsportler, für die dieses Buch geschrieben ist, werden vorwiegend die vielseitig einsetzbare Straßenrennmaschine benutzen.

Für den ambitionierten Rennfahrer ist außerdem noch ein ganz besonderer Typ des Straßenrades, die Zeitfahrmaschine, beschrieben.

Die Straßenrennmaschine

Es ist kaum zu glauben, dass ein Sportgerät wie das Rennrad immer wieder weiter optimiert werden kann.
Eine gute Straßenrennmaschine ist eine technische Präzisions-Meisterleistung.

Straßenrennmaschine

Zeitfahrmaschine

Gerade weil man mit dem Rennrad viele tausend Kilometer, bergauf und bergab, bei jedem Wetter unterwegs ist, und weil es so wichtig ist, dass die Rennmaschine zu den eigenen Körpermaßen passt, sollte man bei der Anschaffung zum Spezialisten gehen. Ein Rennrad wird nicht von der Stange gekauft, sondern individuell angepasst.

Das Rennrad besteht aus dem **Rahmen** und den zusätzlichen **Teilen**: Lenker mit Bremsgriffen, Lenkungslager und Gabel, Tretlager mit Tretkurbeln, Pedalen, Kettenblättern und Schaltung, Laufräder, Bremsen, Sattel mit Sattelstütze und variables Zubehör. Sowohl der Rahmen wie auch die Teile sollten von höchster Qualität sein. Das Gewicht eines Rennrades liegt meist zwischen acht und zehn Kilogramm. Stabilität und Steifheit des Rahmens sind umso wichtiger, je größer und schwerer der Radsportler ist. Kauft man leichteres Gewicht mit Instabilität des Rahmens, dann kann die eingesetzte Kraft nicht direkt genug auf die Straße gebracht werden. So gehen Energie und der Vorteil der Gewichtsersparnis verloren. Besser ist es, ein stabiles Rennrad mit steifem Rahmen zu benutzen.

Die Zeitfahrmaschine

Beim Zeitfahren fährt man ohne den Windschatten des Vordermannes mit größtmöglicher Geschwindigkeit gegen die Uhr. Der Luftwiderstand nimmt mit dem Quadrat der Geschwindigkeit zu und steht in direktem Verhältnis zur Windangriffsfläche, die Rennfahrer und Rennmaschine als Einheit insgesamt bieten.

Wie beim Auto hat der Windkanal auch beim Rennrad neue Formen diktiert: tiefer Lenker, ovale Rohre des Rahmens, Versenkung der Brems- und Schaltzüge, schmalere Reifen und Felgen, scheibenförmige Verkleidung der Laufräder. Alle diese Veränderungen dienen zusätzlich auch der moralischen Unterstützung des Radsportlers, der beim Zeitfahren nicht das Gefühl haben soll, den Gegnern im Material unterlegen zu sein.

Denn Windkanalversuche zeigen, dass die Einsparung am Luftwiderstand durch diese Veränderungen der Rennmaschine relativ gering sind. Wenn der Rahmen mit seinen ovalen und schmalen Rohren durch die beim Zeitfahren notwendige kräftige Tretbewegung in Schwingungen gerät und der Seitenwind voll auf die Scheibenräder trifft, kann ein solches Rennrad sogar nachteilig sein. Ganz zu schweigen davon, dass man sich mit einer »Super-Zeitfahrmaschine« keine schlechte Zeit leisten darf – eine zusätzliche moralische Verpflichtung!

Am wichtigsten ist es, die Windangriffsfläche zu vermindern. Das erreicht man durch eine möglichst tiefe Lenkerhaltung. Dabei sollte der Kopf vollständig in der Silhouette des Rumpfes verschwinden. Dazu dient vor allem der tiefe, so genannte »Hörnchenlenker«. Diese Lenker – auch Delta-, Kuhhorn- oder Triathlonlenker genannt – dürfen im Radsport nur beim Zeitfahren oder bei Rekordversuchen verwendet werden. Leichte Vorteile bringen zusätzlich die aerodynamische Gestaltung von Rahmen (ovale Rohre) und Zubehör wie Bremsen, Tretkurbeln, Schaltung usw. Sinnvoll sind auch schmale Reifen mit hohem Reifendruck und die Entfernung aller für das Zeitfahren nicht notwendigen Teile wie z. B. Flaschenkorb, Luftpumpe und Reservereifen.

Um der Phantasie bei der Gestaltung von Zeitfahrmaschinen gewisse Grenzen zu setzen sowie den Geist des Radsports und die Chancengleichheit zu bewahren, hat die Internationale Radsportvereinigung (UCI) Bestimmungen zur Materialkontrolle im Radrennsport erlassen. Die wichtigsten Punkte sind folgende:

- Zugelassen sind nur Rennmaschinen üblicher Bauart, die im Handel erhältlich sind und die alle Radsporttreibenden benutzen können.
- Der Fahrer muss eine Sitzposition auf seinem Rad einnehmen, wobei er sich einzig und allein auf die Pedale, den Sattel und die Lenkstange stützt.

Folgende Maße sind einzuhalten (siehe Abb. S. 11):

- Der Abstand zwischen der Tretlagerachse und dem Boden muss mindestens 24 cm und darf höchstens 30 cm betragen **(a)**.
- Die Sattelspitze muss mindestens 5 cm hinter der Senkrechten durch die Tretlagerachse liegen **(b)**.
- Der Abstand zwischen Tretlagerachse und Vorderradachse darf 54 bis 65 cm betragen **(c)**.

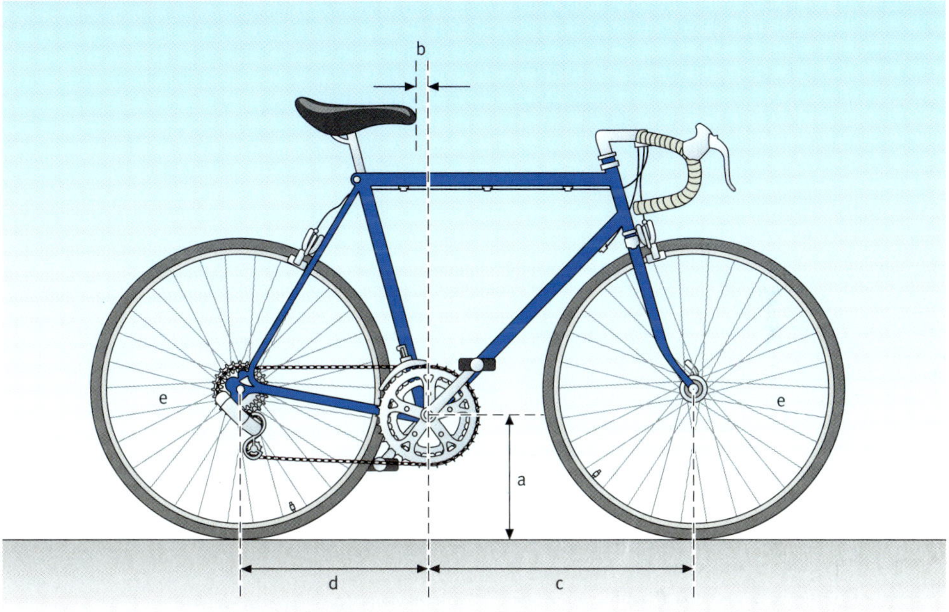

Von der UCI (Union Cycliste Internationale = Internationaler Radsportverband) vorgeschriebene Maße eines für Wettkämpfe verwendeten Straßenrennrades

- Der Abstand zwischen Tretlagerachse und Hinterachse muss mindestens 35 cm und darf höchstens 50 cm betragen **(d)**.
- Der Durchmesser der Laufräder inklusive Reifen darf maximal 70 cm und minimal 55 cm betragen **(e)**.

Kernstück des Rennrades: der Rahmen

Der Rahmen des Rennrades besteht aus folgenden Teilen:

- Oberrohr (Horizontalrohr)
- Sitzrohr (Sattelrohr)
- Unterrohr (Schrägrohr)
- Steuerrohr (Lenkkopfrohr)
- Tretlagergehäuse
- Hinterbau mit Ketten- und Sitzstreben
- Gabel mit Gabelschaft, Gabelkopf und Gabelscheide
- Ausfallenden

Der richtige Rahmenbau einer Rennmaschine ist eine Wissenschaft für sich. Die Namen berühmter Rahmenbauer wie Masi, Colnago, Pinarelli u. a. lassen das Herz eines Radsportlers höher schlagen. Dabei geht es vor allem um einen idealen Kompromiss zwischen Stabilität, Steifheit und Gewicht des Rahmens. Viele Variationsmöglichkeiten gibt es nicht. Im Wesentlichen können nur Mate-

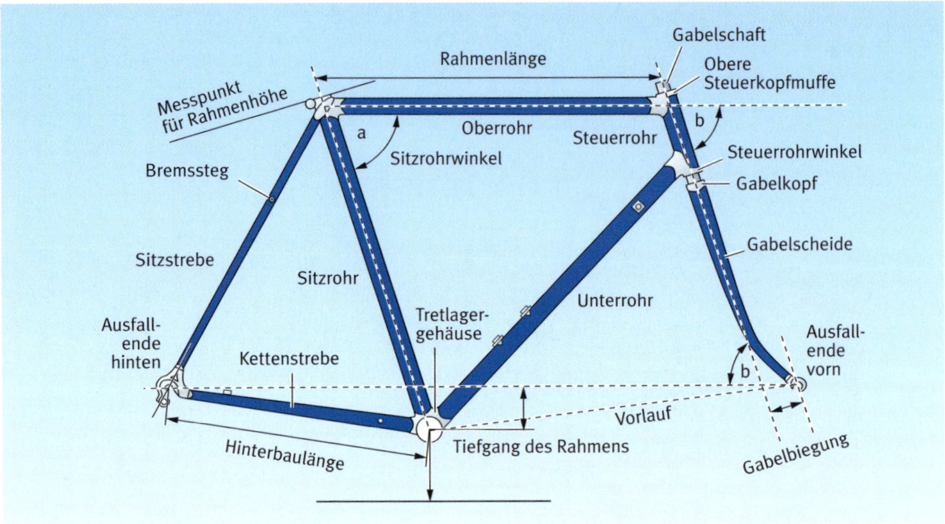

Der Rahmen: Bezeichnung seiner Teile

rial (Stahllegierungen, Aluminium, Titan, Carbon), Wandstärke und Durchmesser der Rahmenrohre verändert werden. Die Wandstärke der drei Hauptrohre ist nicht durchgehend gleich. So besteht ein Oberrohr des Rohrsatzes Columbus EL zum Beispiel aus der relativ festen Stahlsorte Nivachrom, hat

Die Rohre eines traditionellen Rahmens sind durch Muffen miteinander verbunden.

einen Durchmesser von 25,4 mm und in der Mitte eine Wandstärke von 0,4 mm. Zu den Enden hin folgt ein kurzer konischer Teil, der zu einer Wandstärke von 0,7 mm am Ende übergeht. Solche Rohre nennt man endverstärkt. Die Kunst eines Rahmenbauers besteht in der richtigen Kombination von Rohrmaterial sowie Wandstärke und Durchmesser der Rahmenrohre.

Daraus und aus der Rahmengröße ergibt sich das Gewicht eines Rahmens. Im Allgemeinen wiegt ein Rahmen (ohne Gabel) aus einer Stahllegierung (z. B. mit Chrom-Molybdän) bei einer Rahmenhöhe von 58 cm um die 2000 g, aus Aluminium oder Titan ca. 1400 bis 1700 g. Es gibt auch sehr leichte Rahmen aus Carbon, deren Verarbeitungsmöglichkeiten jedoch so vielfältig sind, dass es keine verbindlichen Gewichtsangaben gibt, zumal weitere wichtige, meist metallische Teile –

Moderner Alu-Rahmen mit verschweißten Rohren

wie Ausfallenden, Tretlagergehäuse und Steuersatzaufnahme – mit in den Rahmen integriert werden müssen.
Über die Hälfte aller Rahmen im Straßenradsport werden aus Dur-Aluminium (Alu-Rahmen) gefertigt, wobei manchmal die Kettenstreben oder der ganze Hinterbau aus Carbon bestehen. Etwas mehr als ein Drittel der Rahmen werden ausschließlich aus Carbon produziert. Nur ein kleiner Prozentsatz der Rahmen sind Titanrahmen. Doch ein leichtes Rahmengewicht macht allein noch keinen guten Rahmen. Neben Stabilität und Haltbarkeit sind auch eine hohe Tretlagersteifigkeit (vor allem im Wiegetritt beim Bergauffahren) und eine geringe Flatterneigung (besonders beim Bergabfahren) von großer Bedeutung. Daher bevorzugen größere Radsportler meist einen etwas steiferen und relativ schwereren Rahmen, damit bei großem Krafteinsatz nicht ein großer Teil der eingesetzten Energie über einen schwingenden und flatternden Rahmen verloren geht.

Maßarbeit: das individuelle Rennrad

Es ist kein Luxus – sondern eine Notwendigkeit, die Maße des Rennrades den eigenen Körpermaßen anzupassen. Denn selbst bei gleicher Körpergröße sind die Proportionen bei verschiedenen Menschen oft unterschiedlich: Der eine hat längere Beine, der andere einen längeren Rumpf. Selbst bei identischer Beinlänge hat der eine längere Unter-, der andere längere Oberschenkel. Auch die Armlängen sind unterschiedlich. Wenn Mensch und Rennrad optimal zusammenspielen sollen, muss auch das Rennrad für jeden Menschen individuell angepasst werden.
Folgende Bedingungen sollten erfüllt sein:
- Der Fahrer muss eine Sitzposition einnehmen können, in der er seine Kraft möglichst direkt und ohne Energieverlust auf Pedale und Straße übertragen kann.
- Der Brustkorb muss frei atmen können.
- Der Fahrer soll eine tiefe aerodynamische Haltung einnehmen können, ohne dass er in der Atmung oder im Bewegungsablauf behindert ist.

Eine falsche Position auf dem Rennrad kann die optimale Leistungsentfaltung vermindern und zu Rückenschmerzen, Muskelverspannungen, Sitzbeschwerden, Gelenkschmerzen und Sehnenreizungen führen.

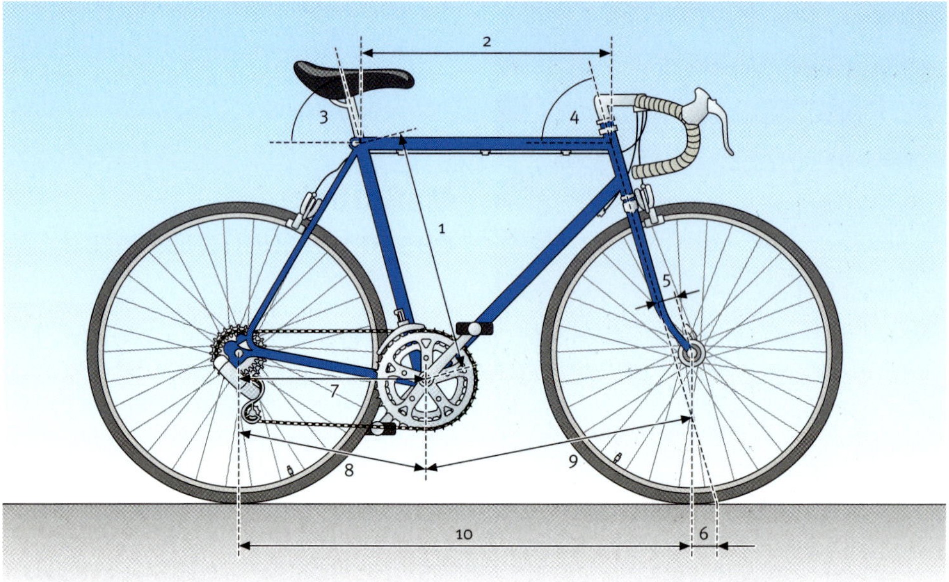

Maßkarte für das individuelle Rennrad:
1 Rahmenhöhe 2 Rahmenlänge 3 Sitzrohrwinkel 4 Steuerrohrwinkel 5 Gabelbiegung 6 Gabelnachlauf 7 Hinterbaulänge 8 Achsabstand hinten 9 Achsabstand vorne 10 Radstand
Außerdem: Lenkerbreite, Vorbaulänge, Sattelhöhe, Tretkurbellänge

Jeder Rahmenbauer hat sein eigenes Rezept zur Bestimmung der perfekten Rahmenmaße und hütet diese Formelsammlung wie ein Geheimnis. Die wichtigsten Punkte sind folgende:

➤ Die ungefähre Rahmenhöhe kann nach der Körpergröße bestimmt werden. Im Zweifelsfall nimmt man eher den kleineren Rahmen.

➤ Man bestimmt die Schrittlänge, und zwar barfuß. Den gemessenen Wert multipliziert man mit dem Faktor 0,66.

➤ Je länger die Oberschenkel des Fahrers, desto kleiner sollte der Sitzrohrwinkel alpha (3) sein – also mehr gegen 71° statt der meist üblichen 73° bis 74°.

➤ Der Steuerrohrwinkel (Lenkwinkel, 4) und die Gabelbiegung (5) bestimmen den Gabelnachlauf (6).

➤ Der Steuerrohrwinkel (4) liegt meist zwischen 73° und 74°.

- Der Gabelnachlauf beträgt 45 bis 60 mm, meist 55 mm.
- Je steiler der Steuerrohrwinkel (Lenkwinkel) und je geringer der Gabelnachlauf bei mittlerer Gabelbiegung ist, desto »agiler« lässt sich das Rennrad steuern.
- Länge des Lenkervorbaues siehe S. 17.
- Sattelposition siehe S. 52f.

Die aufgrund mühsamer Kleinarbeit erhaltenen individuellen Maße seines Rennrades

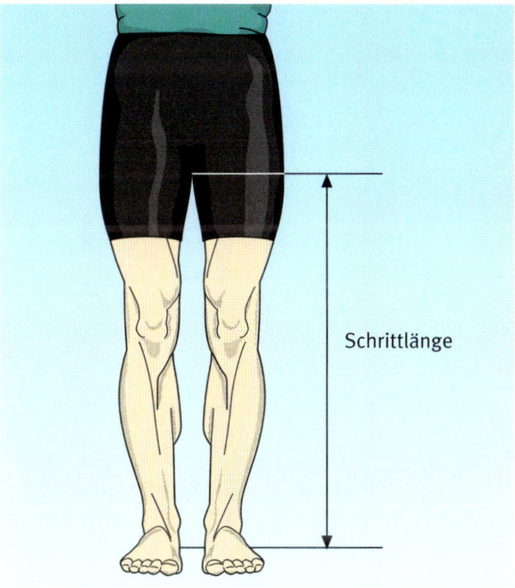

Bestimmung der Schrittlänge (barfuß) – Multiplikation dieses Maßes mit dem Faktor 0,66 ergibt die Rahmenhöhe (nach W. Hügi).

trägt man am besten in eine *Maßkarte* ein, um sich bei Bedarf (Diebstahl, Unfälle) sofort wieder sein individuelles Rennrad, das mit den eigenen Körpermaßen harmoniert, zusammenstellen zu können.

Bestimmung der Rahmenhöhe nach der Körpergröße

Körpergröße (cm)	Rahmenhöhe (cm)
160–165	51–53
165–170	53–55
170–175	55–57
175–182	57–59
182–187	59–61
187–192	61–63
über 192	über 63

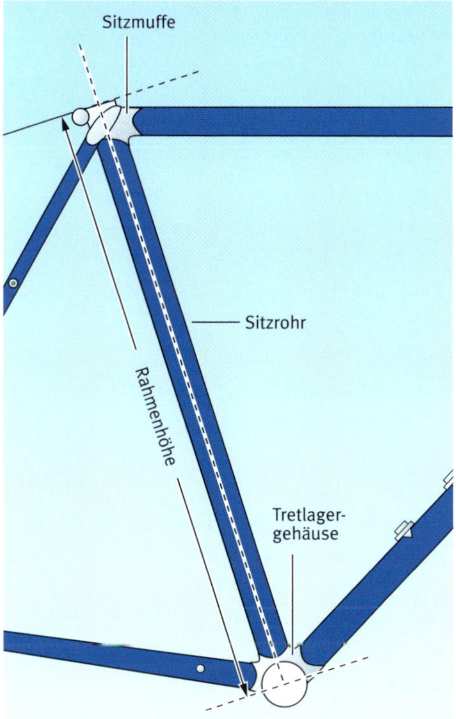

Steuersystem

Lenker mit Vorbau

Es gibt verschiedene Lenkerbügelformen. Gewöhnlich wird für Straßenrennräder der Typ »Tour de France« oder »Giro d'Italia« verwendet, die oben bis weit nach außen gerade verlaufen. Die Lenkerbügel-Rohre bestehen

Die Rahmenhöhe wird entlang des Sitzrohres zwischen der Mitte des Tretlagers und dem oberen Rand der Sitzmuffe (»italienisches Maß«) bzw. bis zur Mitte des Oberrohres gemessen.

meistens aus Dur-Aluminium, haben eine Wandstärke von ca. 1 mm und einen äußeren Durchmesser von 23 bis 25 mm. Die Lenkerbreite wird normalerweise an den Enden von Rohrmitte zu Rohrmitte gemessen. Sie sollte etwa der Schulterbreite des Radsportlers entsprechen. Ist der Lenker zu schmal, wird die freie Atmung behindert. Ist er zu breit, lässt der ungünstige Zugwinkel die Armmuskulatur des Fahrers frühzeitig ermüden.
Ein Radsportler mit durchschnittlichem Körperbau wird meistens eine Lenkerbreite von 40 bis 42 cm benötigen. Breit gebaute oder größere Fahrer müssen einen entsprechend breiteren, kleinere und schmal gebaute Fahrer einen schmaleren Lenker auswählen. Die Lenkerenden müssen mit einem Lenkerstopfen verschlossen werden, damit man sich beim Sturz nicht verletzt. Das ist sogar Vorschrift im internationalen Radsportreglement.

Die beiden Hauptlenkerformen
oben: runde, geschwungene Form mit kürzerem, geradem Anteil in der Mitte: Typ »Gimondi«
unten: der breiter wirkende gerade Lenker Typ »Merckx«

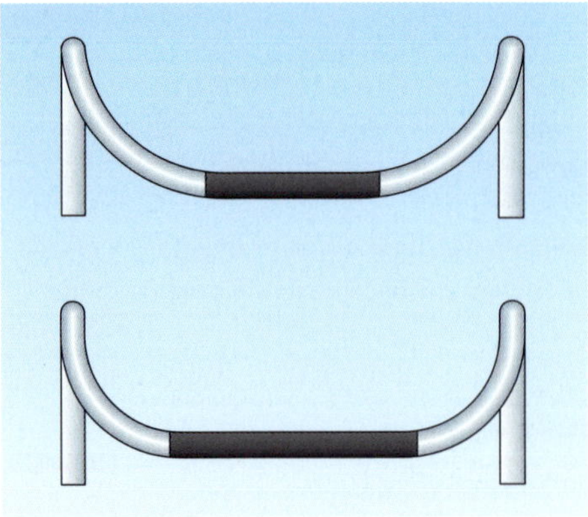

Die Lenkerbreite sollte etwa der Schulterbreite entsprechen.

Der Lenkerbügel wird mit Lenkerband umwickelt, dessen Material so beschaffen sein sollte, dass es weder bei Regen glitschig wird noch bei Hitze an den Händen klebt. Es gibt auch spezielle Lederhüllen für den Lenkerbügel, wobei Leder jedoch im Regen an Griffigkeit verliert.

Bestimmung von Rahmenhöhe und Lenkerbreite nach Fahrertyp

Fahrertyp	Rahmenhöhe (cm)	Lenkerbreite (cm)
Buben, Schüler	bis 51	36–38
kleine Fahrer	51–55	38–40
Normalgröße	56–58	40–42
sehr große Fahrer	59 und größer	42–44

Der **Vorbau** besteht aus Dur-Aluminium und manchmal aus Carbon. Seine Länge richtet sich nach den Körpermaßen des Radsportlers. Im Normalfall gibt es feste Beziehungen zwischen den Vorbaulängen und den Rahmenhöhen. Besonderheiten des Körperbaus des Fahrers, z. B. besonders kurze oder lange Arme, kurzer oder langer Rumpf, kann man durch eine entsprechende Vorbaulänge ausgleichen.

Beziehung zwischen Vorbaulänge und Rahmenhöhe

Vorbaulänge (cm)	Rahmenhöhe (cm)
8– 9	51–53
9–10	53–55
10–11	55–57
11–12	57–59
12–13	59–60

Prinzipiell sollte der Lenkervorbau so lang wie möglich, der Rahmen so kurz wie möglich gewählt werden. Ein relativ kurzer Rahmen gewinnt an Steifheit, ein relativ langer Vorbau übt gewissermaßen die Funktion einer Art »Servolenkung« aus, er ist angenehmer und einfacher zu lenken. Der Lenkervorbau wird durch einen Klemmkonus, die Innenklemme, mit dem Schaftrohr der Gabel verbunden. Wenn man die Inbusschraube am oberen Ende der Vorbauspindel anzieht, wird der Klemmkonus in das geschlitzte Rohr des Vorbauschaftes hineingezogen, wodurch dieses im Schaftrohr der Gabel eingepresst wird. Das Schaftrohr der Gabel wird bei einem traditionellen **Lenkungslager**, auch Steuersatz genannt, im Steuerrohr des Rahmens befestigt.

Wesentliche Bestandteile des Lenkungslagers sind obere und untere Kugelschale, oberer und unterer Konus sowie oberes und unteres Kugellager. Die Kugellauflager bestehen aus Stahl, während die übrigen Bestandteile außer aus Stahl auch aus Dur-Aluminium oder Titan bestehen können. Die Lebensdauer eines Lenkungslagers hängt außer vom Material wesentlich auch von der richtigen Einstellung ab: Das Lenkungslager sollte so eingestellt sein, dass Lenker und Gabel so gut wie kein Spiel aufweisen, sich aber trotzdem leicht drehen lassen. Sowohl zu feste wie auch zu lockere Einstellung begünstigt frühzeitige Schäden an Kugellager, Lagerschalen und Konusringen. Die richtige Einstellung des Lenkungslagers ist daher sehr wichtig. Da sie Gefühls- und Erfahrungssache ist, sollte sie von einem Fachmann vorgenommen werden.

Lenker mit Vorbau

Gabel mit Gabelkopf

Die **Gabel** kann als Teil des Rahmens gesehen werden – gehört aber funktionell zum Steuersystem. Sie besteht aus dem Gabelschaft, dem Gabelkopf, den Gabelscheiden und den Ausfallenden.
Der **Gabelkopf** muss äußerst präzise und stabil gearbeitet sein, damit er ganz genau in den unteren Konusring des Lenkungslagers passt und andererseits alle Stöße und Belastungen des harten Rennrad-Alltags zuverlässig abfangen kann. Der Querschnitt der Gabelscheiden ist bei der traditionellen Stahlgabel oben oval (ca. 28 × 19 mm), um Stöße von Straßenunregelmäßigkeiten besser aufnehmen zu können. Die Form verjüngt sich nach unten und der Querschnitt ist dann kreisförmig (Durchmesser ca. 12 mm). Dabei ist die Wandstärke von oben bis unten konstant. Gabeln, die aus leichterem Material angefertigt werden (Carbon oder Aluminium), müssen großvolumiger gestaltet werden, um die gleiche Stabilität und Steifigkeit wie die traditionellen Stahlgabeln zu erreichen.

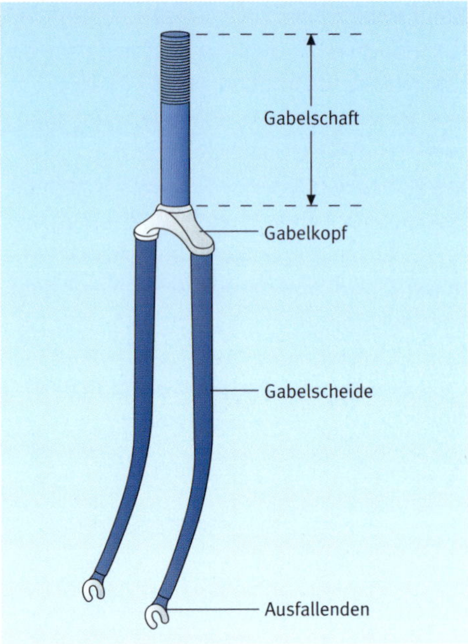

Gabel mit Gabelschaftrohr

Aerodynamisch geformter Gabelkopf

Gabelbiegung und Gabelnachlauf

Das Fahrverhalten eines Rennrades wird entscheidend vom Steuerrohrwinkel, der Gabelbiegung und dem so genannten Gabelnachlauf bestimmt (siehe Abb. rechts). Die Neigung der Gabel wird durch den Steuerrohrwinkel bestimmt, der Gabelnachlauf durch die Neigung der Gabel und die Gabelbiegung (Gabelvorlauf). Je kleiner der

Steuerrohrwinkel (z. B. 71–72°) und der Gabelnachlauf (z. B. 4 cm) werden, desto »direkter« und stabiler wird das Lenkverhalten, was zum Beispiel in überwiegend bergigem Gelände vorteilhaft sein kann. Ansonsten haben sich im Straßenradsport ein Steuerrohrwinkel von ca. 74°, eine Gabelbiegung von ca. 3 cm und ein Gabelnachlauf von ca. 5 bis 6 cm bewährt.

Das Fahrverhalten eines Rennrades wird vor allem durch den Steuerrohrwinkel (1), die Gabelbiegung (2) und den Gabelnachlauf (3) bestimmt.

Antriebssystem

Die Kraft des Radsportlers wird von seinen Fußballen über die Sohlen der Radschuhe auf die Pedale und Pedalachsen übertragen. Von hier wirkt die Kraft über die Tretkurbeln auf das Tretlager. Weiter geht der Weg der Kraft über die Kettenräder, die an der rechten Tretkurbel mit fünf Armen befestigt sind, über die Kette auf den Zahnkranz des Hinterrades. Dieser gibt schließlich die Kraft über Nabe, Speichen, Felgen und Reifen an den Bodenbelag der Straße weiter.

Pedale

Auch die Rennpedale bestehen meistens aus Dur-Aluminium. Die leichtesten Rennpedale haben eine Achse aus Titan. Aber auch Stahlpedale erfüllen durchaus ihren Zweck, haben zwar etwas mehr Gewicht, sind aber unverwüstlich. Gerade bei den Pedalen gibt es

Modernes Pedal (Klickpedal)

einige moderne Entwicklungen. Einmal ging man daran, die Pedalachsen zu verkürzen, um es dem Radsportler zu ermöglichen, mit größerem Neigungswinkel in der Kurve zu fahren. Zum anderen haben sich die so genannten »Klickpedale« etabliert, die eine feste Verbindung mit dem Radschuh herstellen (z. B. Look-System), sodass hier der früher übliche Pedalhaken überflüssig geworden ist. An den Sohlen der Radsportschuhe sind Schuhplatten befestigt, die man von oben in die Pedale ein- und seitlich nach außen wieder ausklicken kann.

Radsportschuhe mit Schuhplatten für »Klickpedale«

Tretlager

Das Tretlager, meist aus Dur-Aluminium gearbeitet – leichtere Modelle auch aus Titan –, wird im Tretlagergehäuse des Rahmens durch zwei Tretlagerschalen mit Kugelringen befestigt. Tretlager, Tretkurbeln und Kettenblätter bilden eine Einheit, müssen zusammenpassen und sollten daher vom gleichen Fabrikat sein. Das Tretlager sollte so eingestellt werden, dass es kein seitliches Spiel hat und trotzdem leicht läuft. Die Abdichtungen des Tretlagers sind in der Regel so hochwertig, dass auch bei langen Regenfahrten kein Wasser eindringen kann.

Tretkurbeln und ihre Länge

An der Tretlagerachse sind beidseits die Tretkurbeln befestigt. Die rechte Tretkurbel nimmt an ihren fünf Armen die Kettenblätter auf. Die Länge der Tretkurbeln wird von der Tretlagermitte bis zur Mitte der Pedalachse gemessen. Denkt man an die Hebelgesetze, möchte man meinen, umso weniger Kraft zu benötigen, je länger die Tretkurbeln sind. Das ist zwar prinzipiell richtig, aber mit längeren Tretkurbeln muss man bei jeder Umdrehung einen größeren Weg zurücklegen. Umgekehrt ist es bei kürzeren Tretkurbeln. Aufgrund bestimmter Erfahrungen ganzer Radsportgenerationen gibt es bei der Auswahl der Tretkurbellänge einen jeweils optimalen Kompromiss zwischen Hebelwirkung, zurückgelegtem Weg pro Pedalumdrehung und den Hebelverhältnissen des eigenen Körpers, wobei es besonders auf die Länge der Oberschenkelknochen ankommt. Diese steht meist in einem bestimmten Verhältnis

Komplette Komponenten-Garnitur (Campagnolo)

Tretlager mit zwei Kettenblättern, Tretkurbel, Pedal und »Überwerfer« der Schaltung

zur Körpergröße. Es gibt Tretkurbellängen von 170 mm, 172,5 mm und 175 mm. Die meistens zutreffenden und tatsächlich im Durchschnitt üblichen Tretkurbellängen sind 170 und 172,5 mm. Übergroße Radsportler, etwa mit einer Rahmenhöhe von 60 bis 61 cm, werden Kurbeln von 172,5 mm oder von 175 mm Länge bevorzugen. Das kürzere Kurbelmaß hat den Vorteil, dass man größere Umdrehungszahlen als bei den längeren Kurbeln erreicht. Dies ist bei Rennen, in denen das Tempo häufig und schnell wechselt, von Bedeutung. Nur beim Zeitfahren, bei dem das Tempo gleichmäßig hoch ist, bevorzugt man öfter die längeren Kurbeln (172,5 oder 175 mm), da die Kraftübertragung infolge der längeren Hebelwirkung günstiger, eine hohe Umdrehungszahl aber nicht unbedingt notwendig ist.

Kettenräder (Kettenblätter)

An den fünf Armen der rechten Tretkurbel werden meistens zwei Kettenblätter befestigt, ein großes außen (52 oder 53 Zähne) und ein kleines (meistens 39 oder 42 Zähne) innen. Vom Überwerfer, der die Kette vom einen Kettenblatt auf das andere befördert, kann maximal eine Differenz von 14 Zähnen überbrückt werden. Um trotzdem noch mehr Schaltmöglichkeiten zu erhalten (z. B. in sehr wechselhaftem, bergigem Gelände), haben sich inzwischen auch Dreifach-Kettenblätter bewährt, wobei das kleinste Kettenblatt meist über 30 bis 32 Zähne verfügt.

Garnitur mit zwei Kettenblättern und Tretkurbel

Garnitur mit drei Kettenblättern und Tretkurbel

Zahnkranz

Er besteht aus dem Zahnkranzkörper und Kränzen verschiedener Größe, auch Ritzel genannt. Sie sind meistens aus Stahl hergestellt. Es gibt aber auch Modelle aus Dur-Aluminium oder Titan, die wesentlich leichter, aber auch teurer sind. Außerdem ist ihr Verschleiß wesentlich größer und damit ihre Lebensdauer kürzer.
Bei den modernen Achtfach- und Neunfach- und erst recht bei den Zehnfach-Zahnkränzen müssen die Zähne der Zahnkranzritzel sehr dünn sein. Ein Stahlzahnkranz wiegt etwa 280 bis 320 g, ein Titanzahnkranz etwa die Hälfte. Manche Hersteller gehen einen Kompromiss durch einen Materialmix ein: Zahnkranzkörper aus Aluminium, nur die drei größten Ritzel aus Titan, die restlichen aus Stahl. Mit einem großen (z. B. 53 Zähne) und einem kleinen Kettenblatt vorne (39 oder 42 Zähne) und einem Acht- oder Neunfach-Zahnkranz hinten von 13 bis 25 bzw. 12 bis 25 Zähnen etwa mit der Abstufung (12), 13, 14, 15, 17, 19, 21, 23, 25 kann man nahezu jedes »normale« Gelände meistern.
Bei ausgesprochenen Berg- und Passfahrten erweitert man das Spektrum der Bergritzel nach oben bis 27 oder 28 oder gar 30 Zähne. Große Übersetzungen, d. h. kleine Ritzel zu fahren sollte man allerdings austrainierten Radrennfahrern überlassen. Es gibt wenige, die den »Dreizehner«, den »Zwölfer« oder gar den mysteriösen »Elfer« bergab oder mit Rückenwind wirklich »rund« treten können. Es kann sogar dazu führen, dass man sich die »Form« verdirbt, zu der die Fähigkeit gehört, locker und rund über lange Strecken

Schaltwerk mit Zahnkranz

Auf die Nabe montierter Zahnkranz

mit hoher Tretfrequenz ohne Ermüdung fahren zu können. Eleganter Fahrstil und lockerer Tritt sind besonders im Training viel wichtiger als das langsame Treten großer Gänge. Deswegen ist in der Sportordnung des Bundes Deutscher Radfahrer (BDR) vernünftigerweise die Übersetzung für Schüler und Jugendliche nach oben begrenzt (siehe S. 66).

Kette

Schaltungsketten müssen entsprechend den steigenden Anforderungen im Radrennsport ständig weiterentwickelt werden. Für die modernen Achtfach- und Neunfach-Zahnkränze dürfen die Schaltungsketten nicht breiter als 6,80 bis 6,90 mm sein. Meistens sind sie ca. 140 cm lang und besitzen ca. 114 Kettenglieder, die bei Montage auf die individuelle Kettenlänge von durchschnittlich 108 Kettengliedern reduziert werden. Das Gewicht einer solchen Hochleistungs-Schaltungskette liegt etwa bei 280 g.
Um die Kette auf das benötigte Maß zu kürzen, benötigt man ein spezielles Kettenniet-Werkzeug. Die richtige Kettenlänge bestimmt man, indem man die Kette vorn auf

Aufbau der sog. Rollenkette. Bolzen verbinden Innen- und Außenlaschen. Die Hülse erlaubt reibungsarme Bewegung und vermindert den Verschleiß der Kette.

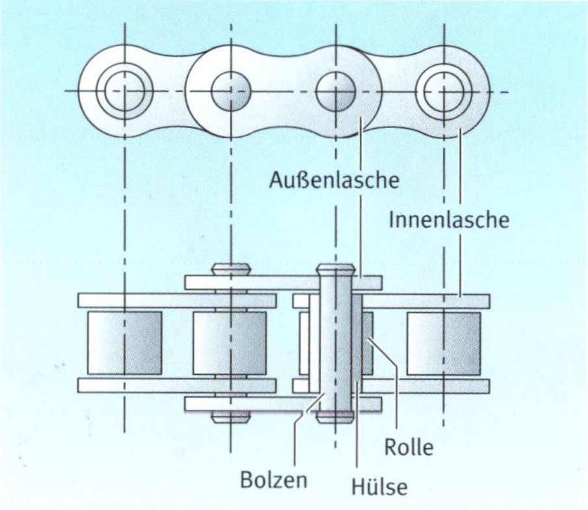

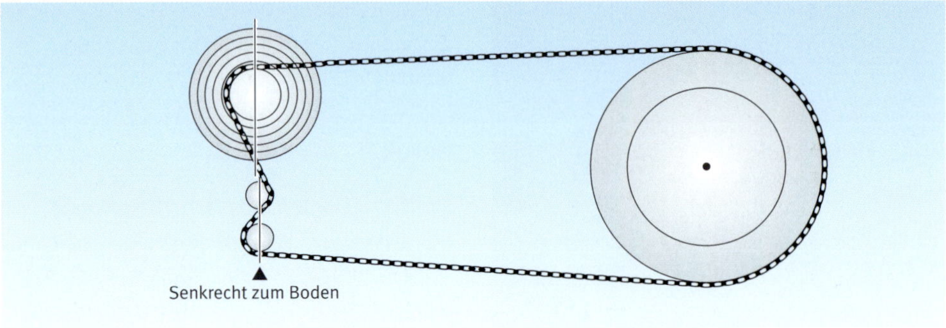

Wenn die Kette vorn auf dem großen Kettenblatt und hinten auf dem kleinsten Zahnkranz liegt, soll die Kette so abgemessen sein, dass die Linie durch die beiden Rollenachsen der Schaltung senkrecht zum Boden verläuft.

das große Kettenblatt auflegt und hinten über das mittlere Ritzel des Zahnkranzes laufen lässt. Sie soll dann straff, aber nicht zu stark gespannt sein. Außerdem soll sie nicht zu locker durchhängen, wenn sie vorn auf dem kleinen Kettenblatt und hinten auf dem kleinsten Ritzel liegt. Eine dritte Möglichkeit, die richtige Kettenlänge zu bestimmen, ist in der Abbildung oben gezeigt.

Wegen ihrer Bedeutung für die »reibungslose« Kraftübertragung sollte die Kette regelmäßig gepflegt werden. Nach jeder Regenfahrt und/oder alle 200 bis 300 km sollte sie mit einem öligen Lappen sauber abgewischt werden. Nach starker Schmutz- und Wasser-

Lässt sich die Kette mehr als 2 bis 3 mm vom Kettenblatt abheben, ist es Zeit, die Kette zu wechseln.

Kaliper-Kontrollwerkzeug zur Messung der Kettenlängung

einwirkung sollte sie nach einer intensiven Reinigung nachgeschmiert werden.
Je nach Beanspruchung wird die Kette im Laufe der Zeit gedehnt und damit länger, in der Fachsprache: gelängt. Das bedeutet, dass sie nicht mehr ideal mit dem Abstand der Zähne, vor allem der Zahnkranzritzel, übereinstimmt, sodass diese durch eine gelängte Kette verstärkt abgenutzt werden.
Da eine neue Kette billiger als ein neuer Zahnkranz ist, sollte man die Kette rechtzeitig erneuern, je nach Beanspruchung etwa alle 2000 bis 5000 km. Eine »gelängte« Kette kann man bereits durch einen einfachen »Abhebetest« erkennen (siehe Abb. unten): Wenn man durch Ziehen die Kette so weit vom Kettenblatt abheben kann, dass man die Zähne fast vollständig sieht, ist es Zeit, die Kette zu wechseln. Oder genauer: Man prüft die Kettenlängung durch ein spezielles Kontrollwerkzeug (Kaliper, siehe Abb. S. 24).

Kettenlinie

Die Ketten-Ideallinie verläuft parallel zur Rahmenmitte durch die Mitte zwischen den vorderen Kettenblättern und die Mitte des Zahnkranzes (siehe Abb. S. 26). Man kann sie mit einer Schnur bestimmen: Bei einem Achtfach-Zahnkranz verläuft sie zwischen dem vierten und fünften Kranz. Abweichungen kann man korrigieren, wenn man zwischen Zahnkranz und Nabe einen Distanzring einlegt. Je mehr der Verlauf der Kette während der Fahrt von der idealen Kettenlinie abweicht, desto mehr Leistung geht durch seitliche Reibung der Kettenglieder an den Zähnen des Kettenblattes und des hinteren Zahnkranzes verloren. Dies sollte beim Schaltvorgang immer berücksichtigt werden. Gewöhnlich benutzt man bei einem Achtfach-Zahnkranz mit dem großen Kettenblatt jeweils hinten die fünf bis sechs äußeren Zahnkränze, mit dem kleinen Ketten-

Richtige und falsche Kettenlinien beim Schalten

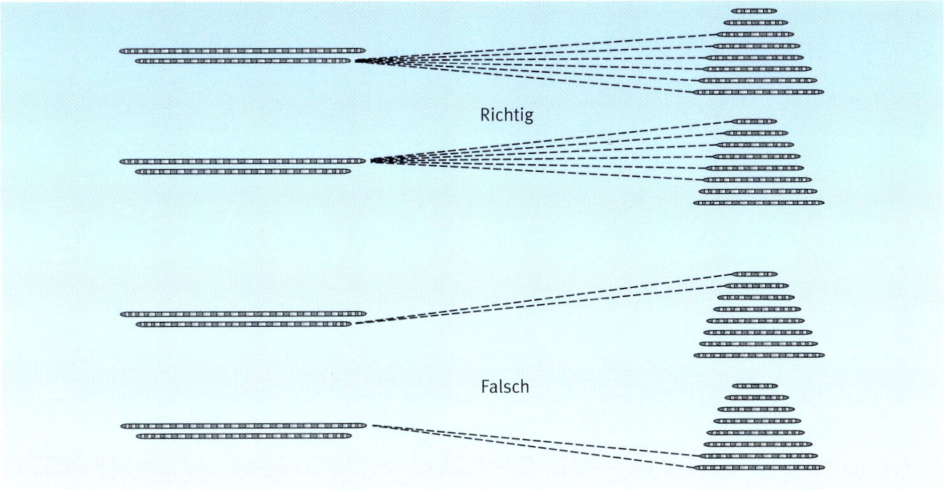

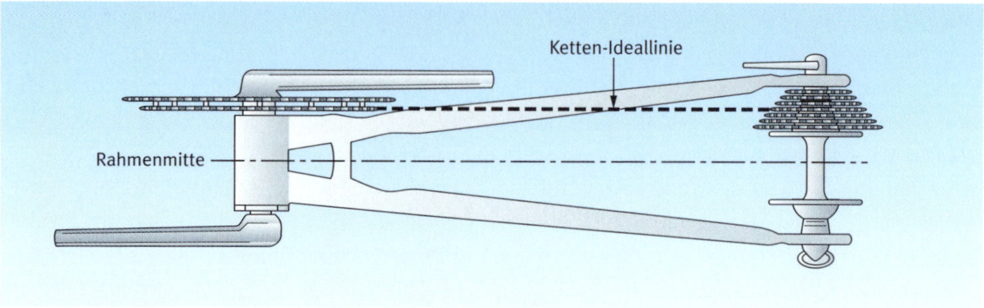

Ketten-Ideallinie

blatt die hinteren fünf bis sechs inneren Zahnkränze.

Schaltung

Das Schaltungssystem besteht aus der Kettenradschaltung vorne (Umwerfer oder Überwerfer), dem hinteren Schaltwerk für den Zahnkranz, den Schaltkabeln und Schalthebeln.

Der vordere Umwerfer wechselt die Kette vom großen auf das kleine Kettenblatt und umgekehrt. Man kann mit dem Umwerfer etwa 14 bis 15 Zähne Unterschied bei den Kettenblättern noch einwandfrei überbrücken.

Schaltwerk

Umwerfer, auch Überwerfer genannt

Das hintere Schaltwerk führt die Kette über einen beweglichen Schaltarm von Zahnkranz zu Zahnkranz. Das obere Rädchen des Schaltwerks ist verantwortlich für eine präzise Kettenführung (Kettenführungsrädchen). Es darf daher möglichst kein seitliches Spiel aufweisen. Etwa alle 4000 km – das sind etwa 2,5 Millionen Umdrehungen für diese Rädchen! – soll man den Schaltkäfig öffnen und die Abdeckscheiben und Gleitrollen gut einfetten. Wenn das seitliche Spiel trotzdem etwa 1 mm übersteigt, soll man das Rädchen auswechseln. Das untere Schaltungsrädchen hat die Aufgabe, die Kette zu spannen (Kettenspannrädchen). Im Gegensatz zum Kettenführungsrädchen soll dieses untere Kettenspannrädchen sogar seitliches Spiel haben, damit es sich nach der Kette ausrichten kann. Das Schaltwerk ist äußerst wichtig. Daher muss man hier besonders auf Qualität achten. Es besteht meistens aus Aluminiumlegierungen oder Titan. Der Gewichtsunterschied der Schaltwerke ist gering. Er schwankt je nach Ausführung etwa zwischen 180 g und 220 g.

Spielfreie Positionierungsschaltung

Der exakte Schaltvorgang ist Übungssache. Zum Schalten muss der Druck auf die Pedale verringert werden. Nach dem Schaltvorgang war früher eine Feinkorrektur des Schalthebels notwendig. Diese Feinkorrektur entfällt bei der modernen Rasterschaltung. Dazu musste das Kettenführungsrädchen im Schaltwerk praktisch spielfrei konstruiert werden, damit die Kette bei der eingerasteten Schaltung keinen Millimeter ausweichen kann.

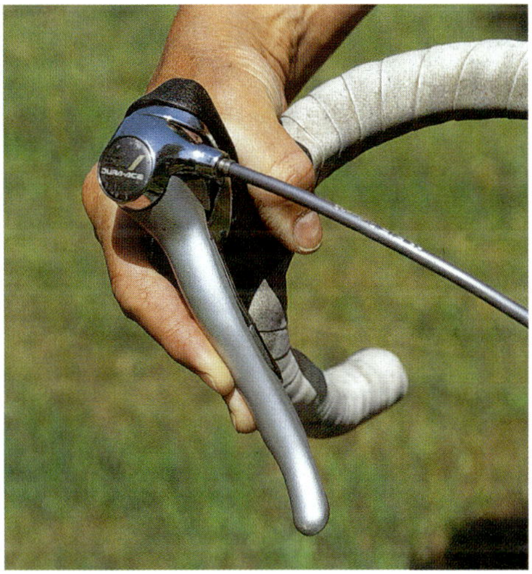

In die Bremsgriffe integrierte Schalthebel

Lauffräder

Felge, Speichen, Nabe und Reifen sind die Bestandteile eines Laufrades. Es soll leicht und rund laufen, ohne Abweichung nach der Seite oder der Höhe. Die Standardausführungen haben 36 Speichen aus Nirosta-Stahl. Nur in Ausnahmefällen, zum Beispiel beim Zeitfahren, benutzt man 32- oder 28-Loch-Felgen, nicht um Gewicht einzusparen, sondern um den Luftwiderstand wegen der geringeren Wirbelbildung kleiner zu halten. Diesem Ziel konnte man mit der Entwicklung der flachen »Messerspeichen« noch näher kommen. Ihre Stabilität ist so groß, dass man mit nur 16 oder gar 12 Speichen auskommt.

Bei Radrennen der Nachwuchskategorien (Schüler) müssen die Laufräder allerdings über mindestens 28 Speichen verfügen.

Laufräder mit 36 Speichen

»Hohe Felge« mit »Messerspeichen«

Felgen

Aus Stabilitätsgründen sollte man sich auch bei den Felgen nicht für superleichte Spezialausführungen entscheiden. »Profi-Felgen« wiegen ca. 400 g und sind 20 bis 22 mm breit. Die Entwicklung so genannter »hoher« Felgen haben Stabilität und Laufruhe der Felgen weiter verbessert. Früher kamen für Radrennfahrer nur Felgen für Schlauchreifen in Frage. Inzwischen gibt es jedoch so schmale Drahtreifen, dass sie als echte Alternative zu Schlauchreifen zu betrachten sind. Felgen für schmale Drahtreifen sind ebenfalls 20 bis 22 mm breit und weisen ein sog. Hornprofil auf, um einen sicheren Reifensitz zu gewährleisten.

Querschnitt einer Felge für Drahtreifen (links) und für Schlauchreifen (rechts)

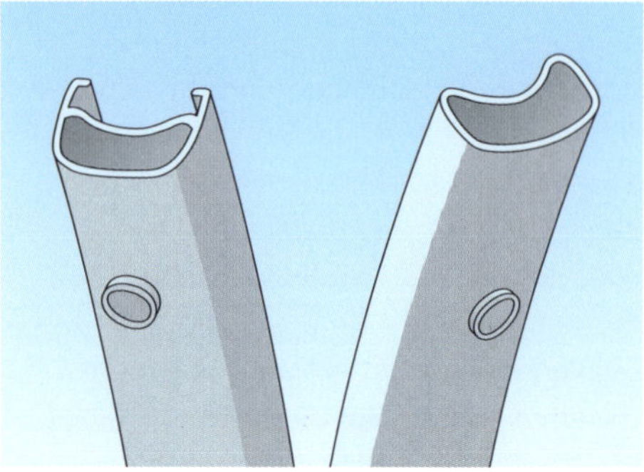

Naben

Die Nabe ist das Kernstück des Laufrades. Auf sie wirken große Kräfte ein. Daher ist auch hier Qualität oberstes Gebot. Den Rand der Nabe, der die Speichen aufnimmt, bezeichnet man als »Flansch«. Es gibt Hochflansch- und Niederflansch-Naben. Nieder-

Niederflansch-Nabe

flansch-Naben sind leichter. Hochflansch-Naben wurden früher verwendet, weil bei ihnen die Speichen kürzer und die Laufräder dadurch »härter« waren. Dieses Ziel wird heute durch höhere Felgen erreicht. Die Nabenachse ist hohl, damit sie die Spannachse der Schnellspannvorrichtung aufnehmen kann, die einen schnellen Radwechsel, der im Rennen über den Sieg entscheiden kann, ermöglicht.

Speichen

Ein Laufrad muss leicht und stabil zugleich sein. Dabei hat es die gesamte Kraft eines Radsportlers weiterzugeben. Schwachpunkte sind die Speichen, vor allem auf der rechten Flanschseite des Hinterrades, der Zahnkranzseite. Die Speichen werden mit folgenden Kräften belastet:

- radiale Kräfte durch das Gewicht des Fahrers, die fast alle Speichen gleichmäßig durch Druck und Zug beanspruchen
- Querkräfte, vor allem durch das Fahren im Wiegetritt, beim Neigen des Fahrrades
- Umfangskräfte am Hinterrad, durch die über die Kette auf den Zahnkranz und die Nabe übertragenen Drehmomente

Die größten Kräfte und damit größten Bruchgefahren herrschen dort, wo die Speiche im Flansch einen Bogen beschreibt. Die nächsthöhere Spannung besteht am Speichenende in der Nähe der Felge. Rennspeichen haben meistens einen Durchmesser von 1,8 oder 2 mm, sind verchromt oder rostfrei. Wegen der stärkeren Spannungskräfte an den Speichenenden gibt es auch Speichen, die dort verstärkt sind, sog. Doppeldickend-Speichen oder DD-Speichen, Durchmesser am Ende 2 mm, dazwischen 1,6 mm. Beim Einspeichen werden die Speichen meist dreifach gekreuzt, d.h., bei zwei sich kreuzenden Speichen müssen vier Speichenlöcher in der Nabe frei bleiben. Von größter Bedeutung ist es, dass der Speichenbogen vor allem auf der rechten Seite des Hinterrades optimal an den Flansch angepasst ist. Der Speichenbogen ist das eigentliche Problem in der Stabilität der Speichen. Deswegen hat man Laufräder mit radialer Einspeichung entwickelt, um diesen Schwachpunkt zu vermeiden.
Neu eingespeichte Laufräder sollten erst im Training ungefähr 100 Kilometer gefahren werden, da sich die Nippel zunächst setzen müssen. Danach muss das Laufrad erneut nachgespannt und zentriert werden. Erst dann soll man es für Rennen benutzen.

Rennmaschine und Laufräder aus Carbon

Mit Scheiben verkleidete Räder verbessern die aerodynamischen Eigenschaften.

Scheibenräder

Um den Luftwiderstand durch die Speichen zu vermindern, werden bei Zeitfahrdisziplinen auf der Straße manchmal Scheibenräder eingesetzt. Dabei sind die Speichen durch große, dünne und leichte Scheiben verkleidet. Die Scheibenräder weisen jedoch eine größere Seitenwindempfindlichkeit auf. Daher hängt es ganz von der Windrichtung ab, ob man beim Zeitfahren diese Scheibenräder einsetzt oder nicht.

Reifen

Für Rennräder wurden bisher ausschließlich Schlauchreifen verwendet, d. h. Reifen, in die der Schlauch eingenäht ist. Zunehmend werden auch von Radrennfahrern immer häufiger Drahtreifen zumindest im Training, gefahren. Gleichgültig welche Reifen man wählt: Sie müssen gut laufen, dürfen nicht zu schwer sein und sollten lange halten. Reifentests für Rennreifen haben folgende Aspekte zu berücksichtigen:

• Sicherheit: Defektanfälligkeit, Straßenhaftung
• Fahrtwiderstand: Luftwiderstand, Rollwiderstand, Gewicht
• Komfort: Federungseigenschaften, Reparaturfreundlichkeit, Montagefreundlichkeit, Dichtigkeit über längere Zeit, runder Lauf
• Kosten: Anschaffungspreis, Lebensdauer, Reparaturkosten

Ein **Schlauchreifen** besteht aus einem Schlauch, der von einer Karkasse meistens aus Baumwolle umgeben ist. Diese ist auf der Felgenseite durch eine Naht verschlossen, die von einem Nahtschutzband überzogen ist. Die Reifenlauffläche besteht aus einem Protektor mit Profil.
Als echte Alternative auch für Rennräder wurden die bekannten **Drahtreifen** zu sportlich dünnen Hochdruckreifen weiterentwickelt. Der Draht verstärkt den Wulst, der im »Horn« der Felge Halt findet. Es gibt auch »Drahtreifen« ohne Draht, bei denen der Draht durch andere Materialien ersetzt wurde, zum Beispiel durch Aramidfasern. Diese drahtlosen »Drahtreifen« kann man falten wie einen Schlauchreifen.
Messungen haben eine erstaunliche Tatsache ergeben: Der **Rollwiderstand** eines Reifens ist bei allen Reifen mit gleichem Luftdruck annähernd gleich! Die durch die Rollreibungskraft verlorene Energie hängt nämlich von der Walkarbeit des Reifens ab – und die ist wiederum abhängig von der Aufstandsfläche des Reifens. Ein schlaffer Reifen kann viel mehr walken – und das kostet die Kraft des Fahrers. Bei einem Reifendruck von 7 bis 10 bar ist der Rollwiderstand am geringsten.
Das sind auch die üblichen Reifendrücke bei Rennrädern. Um diesen Druck exakt herzustellen, braucht man allerdings eine Fuß-

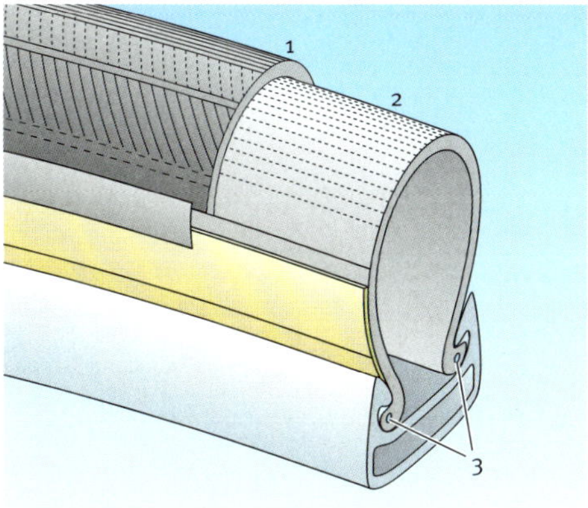

Aufbau eines Drahtreifens:
1 Decke oder Protektor aus Kautschuk
2 Karkasse aus Baumwolle
3 Wülste mit Drahteinlage

Aufbau eines Schlauchreifens:
1 Protektor aus Naturkautschuk
2 Karkasse aus Baumwolle
3 Polyurethan-Gürtel als Schutz gegen Defekte
4 Butylschlauch
5 Nahtschutz (Sicherheitsgürtel)
6 Felge

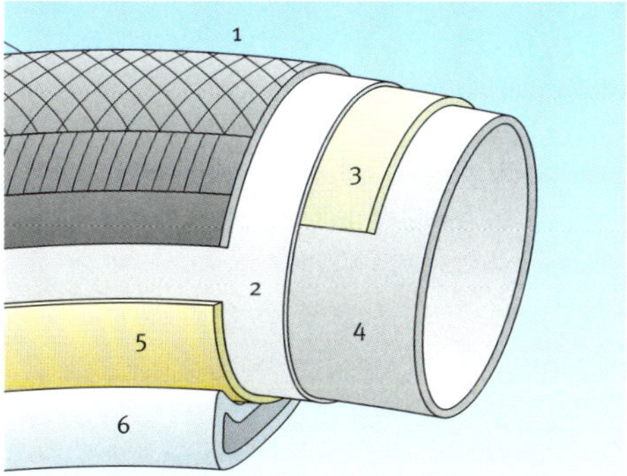

Reifen-Richtwerte je nach Verwendungszweck				
	Karkasse	Reifengewicht (g)	Reifendruck (bar)	Reifenbreite (mm)
Training (Straße)	Baumwolle	350–380	7–8	22–23
Rennen (Asphalt)	Baumwolle	180–230	8–10	20–22
Rennen (schlechte Straße)	Baumwolle	280–300	7–9	22–23

pumpe mit Druckanzeiger. Bei richtig aufgepumpten Reifen nimmt die Bedeutung der Rollreibung mit zunehmender Geschwindigkeit ab. Den größten prozentualen Anteil hat sie vielleicht noch im Geschwindigkeitsbereich von 10 bis 25 km/h, wobei der Rollwiderstand 20 bis 60 % des Gesamtwiderstandes ausmachen kann. Bei höherer Geschwindigkeit gewinnt der Luftwiderstand zunehmend an Bedeutung, während der Rollwiderstand zum Beispiel bei einer Geschwindigkeit von 40 km/h nur noch knapp 10 % des Gesamtwiderstandes ausmacht. Bei höheren Geschwindigkeiten werden aerodynamische Gesichtspunkte zunehmend wichtiger, also die Breite des Reifens. Sie liegt bei Rennreifen – Schlauchreifen wie Drahtreifen – um 22 bis 23 mm. Das Gewicht des Reifens spielt nicht die große Rolle, wie man oft glaubt. Der Reifen liegt zwar am äußeren Ende der Schwungmasse Laufrad – er läuft aber, wenn er einmal in Schwung ist. Bedeutung hat das Reifengewicht nur beim Beschleunigen und Bergauffahren. Bei Straßenrennen auf Asphalt benutzt man meistens Reifen mit einem Reifengewicht von 220 bis 230 g, auf schlechter Straße solche von 280 bis 300 g, während Trainingsreifen 350 bis 380 g wiegen können. Schließlich ist die Bodenhaftung wichtig. Sie ist umso besser, je weicher der Reifenbelag ist. Dann ist aber auch der Verschleiß größer. Diesem Gesetz zufolge verschleißen leider gute, teure und federleichte Rennreifen relativ schnell. Ein erstrebenswerter Kompromiss für den Straßenfahrer ist daher ein leichter Rennreifen mit einer eher harten, abriebfesteren Gummimischung im Protektor. Die gute Verarbeitung eines Reifens hat ihren Preis, gewährleistet aber auch, dass der Reifen nach dem Aufziehen auf die Felgen wirklich rund läuft, während billige Reifen einen oftmals wegen ihrer unregelmäßigen Laufeigenschaften zur Verzweiflung bringen können.

Schlauchreifen oder Drahtreifen?

Eingefleischte Radsportler werden sich auch heute noch für den Schlauchreifen entscheiden – weil es eben immer so war. Bei einer Reifenpanne hat man stets einen Ersatzreifen dabei. Was macht man aber nach der zweiten Reifenpanne? Drahtreifen sind heute fast so leicht und genauso schmal wie

Schlauchreifen – außerdem muss man mit Drahtreifen keinen Ersatzreifen mitnehmen, da man den Reifen selbst flicken kann. Praktischer ist es jedoch, ein bis zwei Ersatzschläuche in der Satteltasche mitzunehmen. Ein weiterer Nachteil nach einer Reifenpanne bei Schlauchreifen ist, dass sie dann nicht mehr fest auf der Felge sitzen, da sie aufgekittet werden müssten, der Kitt aber ca. 24 Stunden benötigt, um seine volle Festigkeit zu entfalten. Besonders bei Passfahrten kann ein nicht fest sitzender Ersatzreifen gefährlich sein. Der Radsportler wird also überlegen, ob er nicht doch für das Training, für längere Wanderfahrten oder für Passfahrten Felgen mit Drahtreifen fährt.
Bei Radrennen wird nach einem Defekt ein vollständiges Laufrad angereicht. Übrigens sollte man sich das Aufziehen eines Schlauchreifens auf die Felge von einem Fachmann genau zeigen lassen, damit man alles richtig macht. Die Beschreibung dieser Technik würde den Rahmen dieses Büchleins sprengen (siehe aber auch S. 38).

Reifenlagerung und Reifenpflege

Gute Reifen müssen abgelagert sein wie alter Wein. Ein Reifen, der zu frisch ist, läuft nämlich nicht optimal und ist außerdem defektanfälliger als ein abgelagerter Reifen. Man sollte einen Reifen zunächst ein oder zwei Jahre in einem kühlen, halbdunklen Raum lagern, wobei man ihn auf eine Felge aufzieht und wenig aufpumpt. Während dieser Zeit kann die Gummilösung durchhärten, gewisse flüchtige Bestandteile der Gummimischung können verdunsten: Der Gummi reift und härtet aus. Sehr gut bewährt hat es sich, die Reifen in dieser Zeit mit Silikon-Gummispray einzusprühen, damit sie nicht austrocknen und der Protektor geschmeidig bleibt.

Bremssystem

Bremsen und Bremsgriffe

Bei den mit dem Rennrad erzielten hohen Geschwindigkeiten sind zuverlässige, stark wirksame Bremsen lebenswichtig. Es werden ausschließlich Felgenbremsen verwendet. Man unterscheidet Seitenzug- und Mittelzugbremsen. Für beide Bremstypen gibt es Argumente. Die Vorteile der Seitenzugbremse überwiegen jedoch, sodass die meisten Profis diesen Bremstyp bevorzugen. Die Distanz zwischen den Bremsgummis und den Felgen sollte ca. 2 bis 3 mm betragen. Bei angezogener Bremse müssen die Bremsgummis mit der ganzen Fläche der Felge anliegen. Man beachte auch die einfache Tatsache, dass die Bremsschuhe in Fahrtrichtung geschlossen sein müssen! Die Bremsgriffe sollen so am Lenker befestigt

Bremsschuh mit Bremsgummis

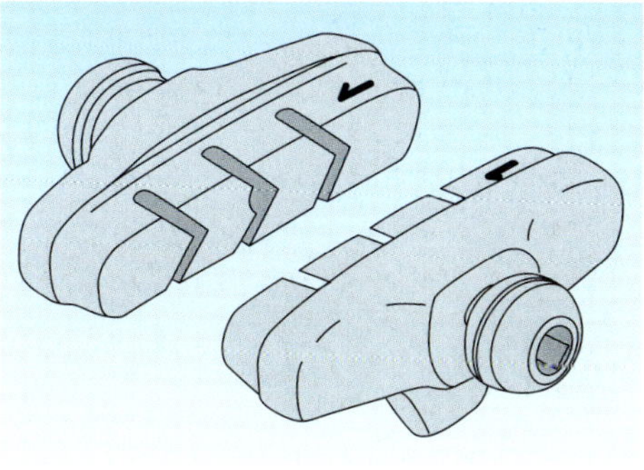

sein, dass man ohne Schwierigkeiten sowohl von oben wie auch von unten bremsen kann, wobei der Bremsgriff bei voll angezogener Bremse nicht den Lenker berühren sollte. Die stärkere Kraft sollte auf die Bremse des Hinterrades einwirken. Deswegen wird bei Rechtshändern der Bremsgriff für die hintere Bremse rechts am Lenker befestigt. Aus aerodynamischen Gründen werden die Bremszüge im Lenker oder unter dem Lenkerband verlegt.

Standard-Seitenzugbremse

Die klassische Bremsgriffanordnung

Sattel und Sattelstütze

Der Sattel ist ebenfalls ein sehr wichtiger Bestandteil des Rennrades. Das wird dem angehenden Radsportler schon sehr bald bewusst. Der Rennsattel ist relativ hart und schmal, damit eine enge Beinführung möglich ist. Früher gab es nur Ledersättel. Auch heute werden sie noch manchmal verwendet. Ein Ledersattel muss vor Gebrauch eingefettet und präpariert werden. Meistens werden jedoch Plastiksättel verwendet, die mit Schaumstoff gepolstert und mit Glatt-, Wild- oder Büffelleder überzogen werden. Sie brauchen keine Pflege, sind leichter, wiegen etwa 300 bis 350 g. Ein Kunststoffsattel mit Aluminiumgestell kann sogar nur 160 bis 250 g wiegen, wobei man dem Aluminiumgestell sogar bessere Federungseigenschaften zuschreibt. Trotzdem dürfte ein Aluminiumgestell für schwerere Fahrer über 75 kg nicht stabil genug sein.
Für Radsportlerinnen gibt es spezielle anatomische Sattelformen mit kürzerer Sattellänge. Für Frauen gibt es zwar auch spezielle, »anatomisch« geformte Sattelmodelle, die zwar gut gemeint sind, aber nicht immer ihren Zweck erfüllen (siehe Abb. rechts unten), weil oftmals die Druckverteilung nicht günstiger ist als bei den normalen, vielleicht etwas kürzer und breiter geformten Sätteln. Der Sattel wird von der Sattelstütze aufge-

Schmaler Rennsattel

Damen-Rennsattel, anatomisch angepasst und gepolstert

nommen, die eine stufenlose Einstellung des Sattels ermöglicht. Abgesehen von der Sattelhöhe und der Sattelstellung (siehe S. 52) sollte der Sattel, am besten mit einer Wasserwaage, genau waagerecht eingestellt sein. Die Sattelstütze muss genau in das Sitzrohr des Rahmens passen und mindestens 6 cm in das Sattelrohr hineinreichen. Zu lange Sattelstützen bedeuten andererseits überflüssiges Gewicht.

Druckverteilungsmuster: gleichmäßige Druckverteilung bei einem Sattel mit durchgehender Sitzfläche (links). Dagegen kritische Druckstellen bei einem »anatomisch« geformten Sattel. (Blau: geringer Druck, rot: kritische Druckstellen) (nach I. Froböse)

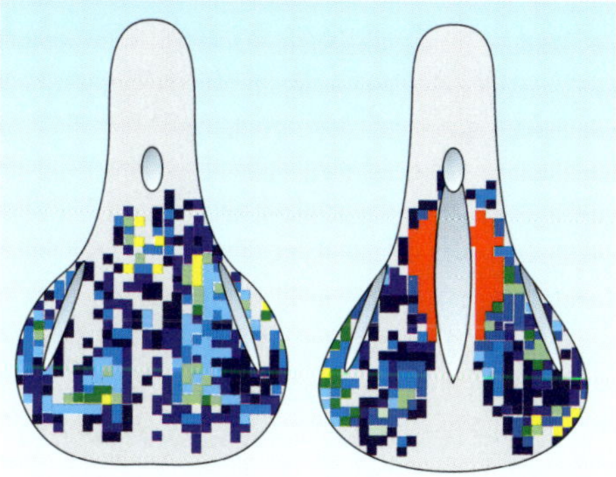

Zubehör

Richtig komplett aber ist ein Rennrad erst mit dem notwendigen Zubehör: Ersatzreifen, Luftpumpe, Flaschenhalter mit Trinkflasche. Erwähnt sei auch ein nicht unbedingt notwendiges, aber praktisches Zubehör: der Fahrradcomputer.

Ersatzreifen

Wer mit Schlauchreifen trainiert, sollte immer mindestens einen Ersatzreifen dabei haben, besser sogar zwei; denn nach einer Reifenpanne wäre man sonst ohne Ersatzreifen. Im Radrennen genügt ein Ersatzreifen, falls man nicht von einem Materialwagen versorgt wird. Der Ersatzreifen wird hinten unter dem Sattel befestigt, entweder mit einem Pedalriemen oder in einer Reifentasche. Man kann ihn auch im Flaschenhalter oder in einer Tasche des Trikots unterbringen. Ein Ersatzreifen sollte immer ein gebrauchter Reifen sein, da nur der sich leicht auf die Felge aufziehen lässt. Man legt ihn auf ein kleines Format zusammen und wickelt ihn in wasserdichtes Material ein; denn ein nasser Ersatzreifen hält schlecht auf der Felge.

Luftpumpe

Ein Ersatzreifen ohne Luftpumpe nützt natürlich nichts. Trotzdem wird die Luftpumpe manchmal vergessen. Luftpumpen für Rennräder sind meistens aus Kunststoff und daher sehr leicht. Es gibt lange schlanke und kurze kompakte Modelle und auch solche, die mit Pressluftpatronen funktionieren. Neben dieser Luftpumpe am Rennrad für unterwegs ist zusätzlich eine Fußpumpe mit Manometer für zu Hause zu empfehlen, damit man vor Beginn einer jeden Fahrt exakt den optimalen Reifendruck erzielen kann.

Flaschenhalter

Flaschenhalter aus Dur-Aluminium wiegen nur knappe 50 g. Sie werden am Schrägrohr des Rahmens mit Schrauben befestigt. Es gibt auch Plastik-Befestigungen, um Rostbildung zu vermeiden. Beim Zeitfahren, bei Bergrennen und Rundstreckenrennen wird der Flaschenhalter nicht benötigt und wegen des Luftwiderstandes abmontiert.

Am Rahmen können ein oder zwei Flaschenhalter mit Trinkflaschen befestigt werden.

Trinkflasche (Bidon)

Die von Radsportlern benutzte Trinkflasche besteht aus Kunststoff. Der Flaschenverschluss ist so konstruiert, dass man die Kappe während der Fahrt mit dem Daumen oder dem Mund öffnen kann. Der Inhalt einer Trinkflasche beträgt normalerweise 0,5 l. Maxi-Trinkflaschen, besonders für Triathleten entwickelt, fassen ca. 0,7 Liter. Da der Luftwiderstand einer runden Trinkflasche nicht ganz unerheblich ist – er liegt in der Größenordnung des Luftwiderstandes der Reifen –, gibt es aerodynamisch geformte schmale Trinkflaschen. Thermoflaschen mit oder ohne Hüllen bieten in der kalten Jahreszeit ein warmes, in der heißen Jahreszeit ein kühles Getränk. Es gibt auch Isolierhüllen, die man über die Flasche ziehen kann.

Computer – der Trainer am Rennrad

Die Technik mit ihren Mikrochips, Auslöser der dritten industriellen Revolution, hat den Radsportlern Kilometerzähler geschenkt, die unter anderem auch Kilometer zählen können. Es gibt aber nur wenige dieser technischen Wunder, die sich auf diese Aufgabe beschränken. Der Radsportler findet es weit interessanter, diesen kleinen technischen Wundern noch andere Daten zu entlocken: neben der augenblicklichen Geschwindigkeit auch die Durchschnittsgeschwindigkeit, die Höchstgeschwindigkeit, die bisher zurückgelegte Tagesstrecke und die Gesamtkilometerzahl der Saison. Einige Computer zeigen auch die Tretfrequenz in Pedalumdrehungen pro Minute an und erlauben eine Messung des Pulses. Die Funktion als Pulsmessgerät erfordert weiteres Zubehör, meist mit einem Brustband, von dem aus über Funk die Signale der Herzfrequenz zum Computer gesendet werden. Es gibt batteriebetriebene Computer, deren Batterie eine Mindest-Lebensdauer von einem Jahr hat, sowie Computer mit Solarzellen. Alle genannten Informationen können von einer Elektronik geliefert werden, die mühelos in die Größe einer halben Streichholzschachtel passt – und gleichzeitig soll alles wetter- und rüttelfest untergebracht werden. Inzwischen erfüllen die Computer diese Bedingungen. Viele Funktionen, die sonst von einem Trainer aus Fleisch und Blut ausgeübt werden, können vom Computer vermittelt werden: Man kann die als Trainingsaufgabe geplante Intensität kontrollieren, und zwar nach Geschwindigkeit, Tretfrequenz und vor allem auch nach der Herzfrequenz (siehe auch S. 98). Dies sollte allerdings nicht dazu führen, dass man bei jedem Training versucht, die Werte der vorhergehenden Trainingsein-

Radprofis benutzen Computer nicht nur im Training, sondern auch im Wettkampf (siehe Computer am Lenker und Pulsuhr am linken Handgelenk).

links: Beispiel für einen Fahrradcomputer
rechts: Beispiel für ein Herzfrequenz-Messgerät, das unter anderem auch Höhenmeter und die Tretfrequenz messen kann

heit zu übertreffen. Gerade Festlegung der Trainingsintensität mit Abwechslung der Tretgeschwindigkeit und Übersetzungen ist eine Kunst, die vorher in einem klug durchdachten Trainingsplan bestimmt werden sollte (siehe S. 102). Bei der Umsetzung und Kontrolle dieser Trainingsaufgaben sind Computer eine große Hilfe. Außerdem kann man die Werte nach Ableistung des Trainings exakt in ein Trainingsbuch oder auch in einen PC übertragen. Die Abweichungen der Computer untereinander sind recht gering, im Test bei maximal 1/1000, d. h., bei einer auf dem Prüfstand gefahrenen Strecke von 3000 km betrug die maximale Abweichung 3 km. Voraussetzung ist aber, dass vorher die Größe der Laufräder genau in den Computer eingegeben wurde.

Wartung, Pflege, Materialkontrollen

Aus Sicherheitsgründen ist es notwendig, regelmäßige Materialkontrollen durchzuführen. Außerdem sollte man die wichtigsten Handgriffe wie Reifenmontage, Kettenwechsel, Zahnkranzwechsel und Zentrierung der Speichen beherrschen. Folgende Kontrollen sind vor jeder Ausfahrt durchzuführen:

- Runder und sauberer Lauf der Laufräder
- Gleichmäßige Spannung aller Speichen
- Fester Sitz der Naben-Schnellspanner
- Überprüfung auf Reifenschäden (Defekte im Protektor, lose Gewebefäden in der Karkasse)
- Richtiger Reifendruck
- Richtige Einstellung der Bremsen: Bremsschuhe parallel zur Felgenauflagefläche, dürfen Reifen nicht berühren; richtiger Sitz der Bremsklötze; kurze Hebelwege bei den Bremsgriffen, etwa ein Viertel des möglichen Hebelweges
- Richtige Einstellung der Schaltung: sauberer Wechsel vom großen auf das kleine Kettenblatt und umgekehrt; sauberer Lauf der Kette hinten am größten und am kleinsten Ritzel ohne Berührung der Speichen oder des Rahmens

Reifenmontage

Schlauchreifen müssen auf die Felge geklebt werden, entweder mit Reifenkitt oder mit Felgenklebeband. Dem Anfänger kann das Aufziehen eines Reifens Schwierigkeiten bereiten. Daher sind einige Tipps wichtig: Das Aufkleben mit Felgenklebeband ist sauber, einfach und sicher. Nur bei längeren Bergfahrten kann durch die Wärmeentwicklung beim Bremsen die Haftung etwas geringer sein als bei aufgekitteten Reifen, die vor allem Profis ausschließlich benutzen. Der Kitt kann jedoch austrocknen, sodass auch dann der Reifen nicht mehr richtig haftet. Radrennfahrer bekommen daher fast zu jedem Rennen Laufräder mit neu aufgekitteten Reifen. Dadurch wird diese Gefahr vermieden. Prinzipiell sollte jeder neue Reifen vor der Montage erst einmal auf eine Felge ohne Band oder Kitt aufgezogen werden, damit er gedehnt wird. Dadurch wird die endgültige Montage erleichtert. Zur Montage sollen keine scharfen oder kantigen Werkzeuge verwendet werden.
Auf eine neue Felge sollte zuerst ein Kittbett aufgetragen werden, durch drei- bis mehr-

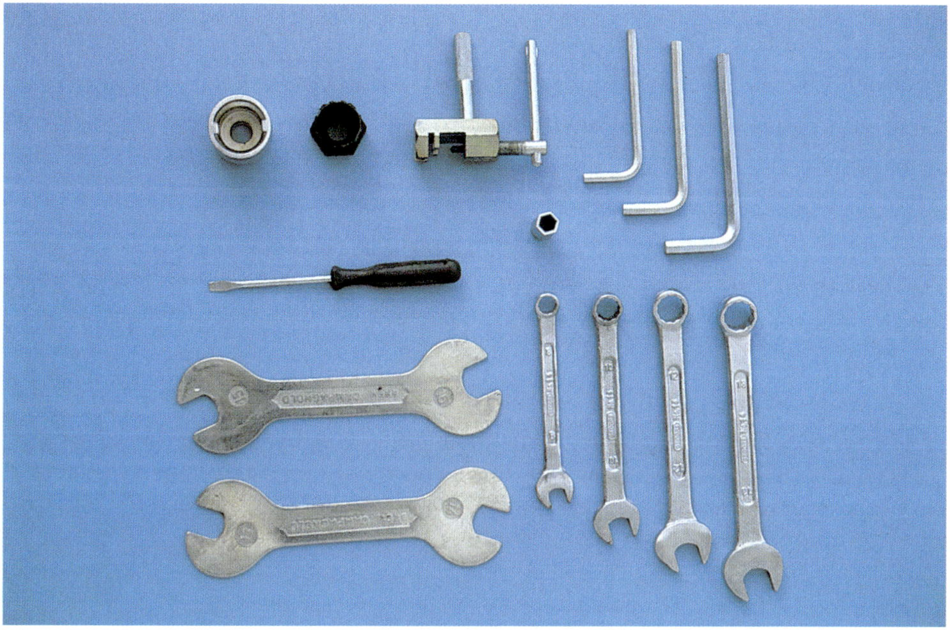

Empfehlenswertes Werkzeug für die Wartung des Rennrades

maliges Auftragen des Kittes mit zwischenzeitlicher Trockenzeit von etwa einem Tag. Das Aufkleben eines Reifens auf eine Felge mit Kittbett erfolgt etwa zehn Minuten nach Auftragen des Kittes. Der Reifen wird wenig aufgepumpt, sodass er gerade rund ist. Man stellt das Laufrad vor sich, steckt das Ventil in die Felge, fasst den Reifen fest mit beiden Händen und zieht ihn nach unten, mit ständigem Druck der Daumen immer weiter, bis man den letzten Rest über den Felgenrand hebt. Es ist ein guter Tipp, die Felge gegenüber dem Ventil auf eine Strecke von ca. 5 cm frei von Reifenkitt oder Felgenband zu lassen, damit man nach einem Reifendefekt hier leichter mit dem Abziehen des Reifens beginnen kann.

Mit Felgenklebeband verfährt man folgendermaßen: Die neue Felge muss frei von Fett und Öl sein. Das Band wird knapp neben dem Ventilloch beginnend auf die Felge geklebt. Danach wird das Band mit einem runden Holz, Hammer- oder Schraubenziehergriff fest auf die Felge gerubbelt, damit das Band sich mit der Felge fest verbindet und die dem Reifen zugewandte Klebeseite aufgeraut wird. Auf die Felge gegenüber dem Ventilloch klebt man aus den oben genannten Gründen einen ca. 5 cm langen Papierstreifen. Das Band wird nun mit etwas Wasser benetzt – und dann wird der Reifen wie oben beschrieben aufgezogen. Nach der Montage, gleichgültig ob gekittet oder mit Band aufgeklebt, wird der Reifen auf ca. 5 bar aufgepumpt und mit den Fingern und den Handballen auf der Felge ausgerichtet, damit er gerade läuft.

MERKE

Ein mit Felgenklebeband aufgeklebter Schlauchreifen ist sofort fahrbereit, während ein gekitteter Reifen auf 5 bar aufgepumpt etwa 10 Stunden trocknen sollte.

Kettenpflege

Die Kette sollte besonders nach Regenfahrten und bei stärkerer Verschmutzung regelmäßig gereinigt werden. Früher hat man dies mit Pinsel und Benzin oder Petroleum getan. Jetzt gibt es sehr praktische und saubere Kettenreinigungsvorrichtungen, die man mit Reinigungsflüssigkeit gefüllt über die Kette stülpen kann. Die Reinigung vollzieht sich, wenn man die Kette durch die Drahtbürsten dieser Vorrichtung zieht, bis sie sauber ist. Nach dieser Reinigung sollte die Kette immer gut eingefettet werden.

Kettenwechsel

Wenn man eine Kette zu lange verwendet, »längt« sie sich, scheuert an den Zähnen des Zahnkranzes und nutzt diesen ab, sodass man dann Kette und Zahnkranz gleichzeitig erneuern muss, da sonst die neue Kette aus dem abgenutzten Zahnkranz springt (siehe auch S. 23).
Man sollte daher nicht so lange warten, bis die Kette gelängt ist, sondern sie ruhig öfter wechseln. Die Kosten für einen häufigeren Kettenwechsel werden durch die längere Lebensdauer des Zahnkranzes aufgewogen. Man sollte daher die Technik beherrschen, wie man die Kette montiert, demontiert, kürzt oder verlängert – der Arbeitsvorgang ist immer der gleiche. Man braucht dazu nur einen Kettennietendrücker oder eine Nietzange, mit der man die Niete aus einem Kettenglied herausdrücken kann, aber so, dass die Niete noch mit dem Ende in der Lasche hängt.
Nun wird die Kette am anderen Ende auf die richtige Länge gebracht (siehe S. 23). Man schließt die Kette zusammen, indem man die Kettenglieder zusammenfügt und dann mit dem Nietendrücker die Niete wieder hineinschiebt, sodass sie auf der anderen Seite ungefähr 1 mm hervorsteht, wie bei den anderen Kettengliedern. Danach prüft man die freie Beweglichkeit dieses Kettengliedes. Man kann sie im Bedarfsfall durch leichtes seitliches Hin- und Herbiegen der Kette verbessern.

Zusammenfügen der Kettenglieder

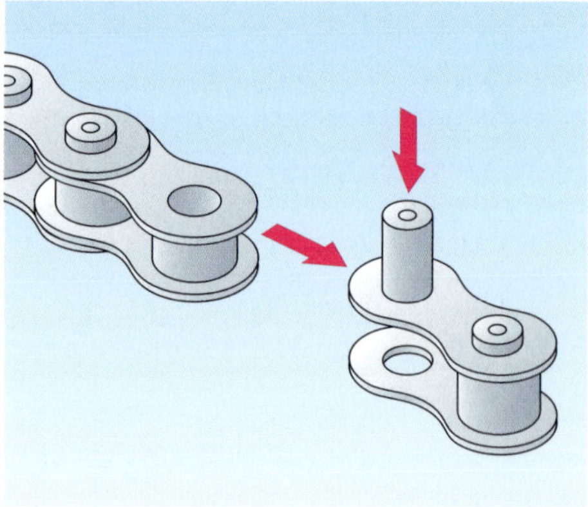

Zahnkranzwechsel

Sowohl zur Veränderung der Übersetzung wie auch zum Einsatz einer Speiche auf der Zahnkranzseite muss man in der Lage sein, den Zahnkranz selbst zu wechseln. Dazu ist als Werkzeug ein Zahnkranzabnehmer notwendig, den es in verschiedenen Ausführungen gibt, sogar in der Größe einer Streichholzschachtel, 30 bis 50 g leicht, sodass er in jede Reifen- oder Trikottasche passt. Der Abnehmer muss zum jeweiligen Zahnkranztyp passen. Er dient dazu, den zumeist aufgeschraubten oder aufgesteckten Zahnkranz »abziehen« zu können.

Zentrieren

Das vollkommene Zentrieren eines Laufrades ist eine Kunst, die große Erfahrung voraussetzt. Das einfache Anziehen lockerer Speichen oder das grobe Zentrieren größerer Abweichungen der Felge nach der Seite oder nach der Höhe ist dagegen nicht so schwer. Man braucht dazu einen Nippelspanner, den es bereits in sehr kleinen und handlichen Größen gibt. Zentrieren muss man immer langsam und mit Geduld. Schlägt zum Beispiel die Felge nach links, so zieht man die entsprechenden Speichen rechts zunächst um je eine Nippelumdrehung an. Dabei muss man immer darauf achten, dass die Spannung nicht zu stark wird. Das Anziehen soll man immer auf mehrere Speichen verteilen. Gleichzeitig muss man auf der anderen Seite die entsprechenden Speichen um die gleiche Nippelumdrehung lockern. Also immer abwechselnd: rechts fest, links los, rechts fest usw., bis die Felge wieder gerade läuft.

Radsportbekleidung

Die Wettkampfbestimmungen für den Straßenrennsport der Sportordnung des Bundes Deutscher Radfahrer e. V. besagen zur Sportkleidung: »Jeder Fahrer muss im Rennen ein Trikot mit Ärmeln und eine Rennhose tragen, zulässig sind auch einteilige Rennanzüge. Ärmellose Trikots sind verboten. Das Tragen eines Sturzhelms ist bei den Wettkämpfen sowie im Querfeldeintraining zwingend vorgeschrieben, für das Training auf der Straße wird der Sturzhelm dringend empfohlen.«
Das ist natürlich nur die Mindestausstattung. Prinzipiell werden jedoch an die Bekleidung des Radsportlers umso mehr Ansprüche gestellt, je häufiger und länger er trainiert. Wer nur bei Sonnenschein fährt, kommt mit einem Mindest-Kleidungssortiment aus.
Wer jedoch im Leistungs- und Hochleistungsbereich während des ganzen Jahres bei jeder Witterung trainiert, muss auch für entsprechende Kleidung sorgen, etwa nach dem Motto: Es gibt kein schlechtes Wetter, sondern nur schlechte Kleidung.
Das Kleidungssortiment eines gut ausgerüsteten Radsportlers sollte Folgendes enthalten:

- Rennhosen (kurze und lange Hosen, »Beinlinge«)
- Radschuhe (Sommer- und Winterausführung, Regenüberschuhe, Thermo-Überschuhe)
- Kurze weiße Socken
- Trikots (kurzer und langer Arm, »Ärmlinge«)
- Spezialunterwäsche (Unterhemden)
- Handschuhe (Fingerhandschuhe im Sommer, warme Handschuhe im Winter)

- Kopfbedeckungen (Sturzhelm, Wollmütze)
- Regenjacke, Windjacke
- Rennanzug (Zeitfahren, Triathlon)
- Thermo-Anzug
- Schutzbrille

Rennhose

Die Rennhose ist das wichtigste Kleidungsstück des Radsportlers. Sie besteht aus einer Mischung dehnbarer Kunstfasern. Der frühere Sitzledereinsatz aus feinem Hirschleder wurde von einem Synthetikeinsatz abgelöst. Er dient dazu, die Sitzfläche zu schonen und zu schützen. Auch wenn die modernen Synthetikeinsätze leichter zu pflegen und hygienischer sind als die früheren Hirschledereinsätze, sollte man auch heute vor jeder Ausfahrt die Sitzfläche des Gesäßes und/oder den Synthetikeinsatz der Rennhose wie früher mit einer speziellen Sitzcreme, einer Kamill-Glyzerin-Creme oder mit Vaseline einfetten. Dadurch beugt man Sitzbeschwerden, Haarbalg-Entzündungen und recht unangenehmen Furunkeln an der Sitzfläche vor.

Radsportkleidung im Sommer: Trikot, Rennhose, Handschuhe, Helm, Schutzbrille, Radsportschuhe

Bei Kälte schützt man die Beine entweder durch so genannte »Beinlinge«, die man wie Strümpfe über die Hosenbeine der kurzen Rennhose streift, oder eine lange Rennhose, die man über der kurzen Rennhose trägt.

Radschuhe

Man kann auch mit Turnschuhen in die Rennpedale treten. Das macht man auch bei großer Kälte im Winter. Aber ansonsten sollte sich der Radsportler, der etwas auf sich hält, doch richtige Radschuhe zulegen; denn sie sind nicht umsonst entwickelt worden. Der Radschuh dient nämlich der optimalen Kraftübertragung auf das Rennpedal. Dabei liegt die Hauptbelastung in der Gegend des Großzehengrundgelenkes. Der Radschuh schützt dieses durch eine steife, dicke Sohle und gibt dem Fuß bei der Pedalumdrehung Führung durch die **Pedalklammer** an der Schuhsohle (siehe S. 20 und 57). Bei den zwei bis drei Millionen Pedalumdrehungen, die ein Radsportler jährlich ausführt, sind das wichtige biomechanische Voraussetzungen.

Ein guter Radschuh sollte folgende Bedingungen erfüllen:

- Er soll dem Fuß möglichst eng anliegen, ohne den Blutkreislauf zu behindern und ohne zu drücken.
- Er soll eine steife, gelochte Sohle haben, damit Luft zirkulieren und bei Regen das eingedrungene Wasser abfließen kann.
- Sein Gewicht soll möglichst gering sein.
- Über die Pedalklammern an der Schuhsohle soll er zusammen mit dem Pedal eine Einheit bilden.

Die richtige Fußbekleidung: kurze weiße Socken, Radsportschuhe mit Schuhplatte und Klickpedal

Wegen der Bedeutung der Radschuhe sollte man sich nur beste Qualität aussuchen. Sie müssen unbedingt eng sitzen, und deshalb kauft man sich eher solche Radschuhe, die zwar knapp sitzen, aber nicht drücken. Mit den neuen, knapp sitzenden Radschuhen stellt man sich am besten in lauwarmes Wasser und schließt dann eine Trainingsfahrt mit diesen nassen Schuhen an. So bekommt der Schuh die gewünschte Passform. Man sollte mit den Radschuhen möglichst wenig zu Fuß gehen, da sonst die Festigkeit der Sohle nachlässt und die Pedalklammern abgenutzt werden. Deswegen zieht man die Radschuhe erst kurz vor Besteigen des Rennrades an und zieht sie nach Ende der Fahrt sofort wieder aus. Es versteht sich von selbst, dass man seine Radschuhe sehr sorgfältig pflegen sollte. Wenn sie bei Regenwetter nass geworden sind, stopft man sie mit Zeitungspapier aus und lässt sie an der Luft trocknen. Dann bürstet man sie gründlich sauber und fettet sie mit einer guten, imprägnierenden Lederschuhcreme ein, falls die Radschuhe aus Leder gefertigt sind.

An den Sohlen der Radschuhe werden die **Pedalklammern** befestigt (siehe S. 20 und 57), die eine innige Verbindung zwischen Rennschuh und Rennpedal herstellen. Dadurch wird ein idealer Bewegungsablauf mit einer runden Tretbewegung und paralleler Beinführung erleichtert.
Bei Regen schützt man Schuhe und Füße gegen Nässe durch spezielle Regenüberschuhe. Für die kalte Witterung gibt es **Thermo-Überschuhe**. Bei Kälte kann man sich aber auch dadurch behelfen, indem man über die normalen Radschuhe einfach ein Paar dicke Socken anzieht.

Ärmlinge und Beinlinge sind eine praktische Ergänzung der Radsportkleidung für die Wetterverhältnisse in den Übergangszeiten.

Rennsocken

Sie sind weiß, eng anliegend und kurz. Radsportler benutzen normalerweise keine langen Socken, die bis zu den Waden reichen. Sie sollten kurz über den Knöcheln enden. Sie sind aus Wolle oder Baumwolle. Farbige Socken sehen nicht gut aus.

Renntrikot

Ein Trikot für Radsportler soll elastisch, luftdurchlässig und schweißaufsaugend sein. Es soll dem Körper eng anliegen und trotzdem bequem sitzen, die Atmung nicht behindern und während der Fahrt nicht flattern. Bei der vornübergebeugten Sitzposition auf dem Rennrad soll das Trikot auch hinten den unteren Teil des Rückens gut bedecken. Früher trugen Radrennfahrer Trikots aus Wolle oder aus Mischungen von Wolle mit Acrylgarnen. Heute sind die Profitrikots der internationalen Rennställe meistens aus Polyester-Mischgewebe. Es gibt auch Trikots mit Geweben aus zwei Schichten, innen atmungsaktives und außen windabweisendes Gewebe (z. B. Dunova®, Trevira®, Gore-Tex®). Auf jeden Fall muss der entstehende Schweiß möglichst schnell nach außen abgeleitet werden, da man sich sonst bei den hohen Geschwindigkeiten und bei Bergabfahrten erkälten kann. Ideale Verhältnisse sind gegeben, wenn das Gewebe atmungsaktiv ist und trotzdem gegen Wind schützt. Entsprechend den Beinlingen für die Beine gibt es Ärmlinge für die Arme bei kälterer Witterung oder für das Warmfahren vor Radrennen. Natürlich sollte man sich auch langärmlige Trikots für die kältere Jahreszeit zulegen.

Handschuhe

Auf Handschuhe sollte man nicht verzichten. Sie werden auch Bremshandschuhe genannt, weil Bahnfahrer, deren Rennmaschinen keine Bremsen besitzen, mit den Handschuhen auf den Vorderreifen greifen, um so zu bremsen. In der Handfläche sind diese Handschuhe aus weichem Leder, im Bereich des Handrückens aus Strickstoff oder Kunststoff. Das Leder in der Handfläche ist abgesteppt, wirkt als dünne Polsterung gegen Stöße des Lenkers und verhindert Blasenbildungen bei längeren Fahrten. Die Fingerlinge sind kurz. Es gibt auch Handschuhe, die ganz aus weichem Leder, das strapazierfähig und saugfähig sein muss, gearbeitet sind (z. B. Peccary-Leder). Handschuhe soll man beim Kauf persönlich anprobieren, da sie eng anliegen, aber nicht einschnüren sollen. Zu große Handschuhe geben Falten beim Zugreifen am Lenker. Nach Fahrten über Splitt oder schlechte Straßen legen Radsportler die behandschuhte Hand während der Fahrt auf den Reifen, um kleine Steinchen oder Fremdkörper zu entfernen. Im Falle eines Sturzes werden die Hände durch Handschuhe vor Abschürfungen geschützt. Für die kalte Witterung im Winter gibt es spezielle Thermo-Handschuhe.

Die am meisten gebrauchte Handschuhart mit gestricktem Rücken

Sturzhelm

In den Wettkampfbestimmungen des Bundes Deutscher Radfahrer (BDR) für den Straßenradsport ist ausdrücklich festgehalten, dass Sturzhelme bei Radrennen Pflicht sind und im Training empfohlen werden. Ein Sturzhelm muss bestimmte Anforderungen erfüllen: Er muss aus festem Material bestehen und die Sicherheitsbestimmungen der im Reglement festgelegten Normen erfüllen. Ein Sturzhelm besteht aus mehrfach gepresstem Kunststoff (Styropor u. a.), der außen von einer Hartschale überzogen ist. Ein guter Sturzhelm ist leicht, gut belüftet und stabil. Er wird mit einem Riemen unter dem Kinn befestigt. Wichtig ist es, diesen Riemen fest genug anzuziehen, damit der Helm im Falle eines Sturzes nicht verrutscht.

Regenjacke

Die Regenjacke schützt gleichzeitig gegen Nässe und Kälte. Früher wurde sie bei warmem Wetter von Radrennfahrern kaum benutzt, da man wegen der geringen Luftdurchlässigkeit darunter zu stark schwitzte. Heute gibt es jedoch wasserdichtes und zugleich luftdurchlässiges Material (z. B. Gore-Tex®). Die Regenjacke hat vorn einen Klettverschluss und hinten ein verlängertes Rückenteil, das bis über das Gesäß hinabreicht. Zusammengerollt passt diese Regenjacke in eine Trikottasche.

Rennanzug

Der Rennanzug besteht aus einem einzigen Stück, das vorn im Oberteil durch einen Reißverschluss geschlossen wird. Das Material besteht aus seidenglänzendem Kunststoff mit glatter Oberfläche und liegt eng auf der Haut an. Dadurch wird ein geringerer Luftwiderstandsbeiwert erreicht. Rennanzüge werden besonders beim Zeitfahren und bei Bergrennen benutzt, also bei Rennen, bei denen man keine Taschen für Proviant benötigt.

Für die Radsportdisziplin im Triathlon haben sich spezielle **Triathlonanzüge** bewährt, mit denen man schwimmen, Rad fahren und laufen kann. Dadurch spart man das zeitraubende Umziehen zwischen den einzelnen Disziplinen. Sie bestehen z. B. aus Polyamid-

Jeder Radsportler sollte zur eigenen Sicherheit einen Sturzhelm tragen.

Lycra-Mischgewebe und haben anstelle eines Sitzleders einen schnell trocknenden Velourseinsatz.

Thermo-Bekleidung bei großer Kälte

Stark wärmendes, windundurchlässiges Material ist Voraussetzung dafür, dass man auch bei großer Kälte trainieren kann. Aus diesem Material gibt es ganze Anzüge, einzelne Jacken, Latzhosen, Handschuhe, Überschuhe und Mützen. Praktisch sind auch Trainingsjacken, vorne mit Nylonbeschichtung als Schutz gegen den Fahrtwind. Für unverwüstliche Radsportler gibt es auch Allwetteranzüge mit Kapuze, Mundschutz und wasserdichten Schweißnähten an Jacke und Hose, alles wasser- und winddicht und trotzdem atmungsaktiv (Gore-Tex®).

Unterwäsche

Last but not least muss man auch darüber reden. Bei Radsportlern beschränkt sich die Unterwäsche auf das Unterhemd, da unter der Rennhose kein weiteres Kleidungsstück getragen wird. Bei den Unterziehhemden haben sich ebenfalls spezielle Mischgewebe durchgesetzt, die den Schweiß ableiten, sodass die Haut trocken bleibt. Grundsätzlich sollte man immer unter dem Trikot, auch im Sommer, ein Unterhemd tragen. Bei kühler Witterung empfiehlt es sich, mehrere Lagen an Unterhemden und Trikots anzuziehen, da jede dazwischenliegende Luftschicht einen isolierenden Wärmeschutz darstellt. Wenn man nicht über die genannte Thermo-Bekleidung verfügt, oder wenn es noch nicht so kalt ist, dass sie notwendig wäre, kann man sich auf einfache Weise vor dem Fahrtwind, z. B. bei Bergabfahrten, schützen, indem man vorne unter das Trikot mehrere Lagen Zeitungspapier oder eine Plastiktüte schiebt. Stattdessen kann man sich auch einen sog. »Windlatz« anschaffen, einen seitlich offenen Windschutz, der die gleiche Funktion erfüllt.

Rennanzug in einem Stück aus leichtem Material

Winterbekleidung

Schutzbrillen

Wegen der hohen Fahrgeschwindigkeit sind die Augen des Radsportlers durch Fremdkörper, Insekten und dergleichen gefährdet. Deswegen tragen auch immer mehr Profis spezielle Radrennbrillen, die farblos oder zum zusätzlichen Schutz gegen das Sonnenlicht getönt sein können.

Trainingsbekleidung

Sommer

Bei schönem Wetter trainiert man in Rennkleidung. Die Trikots sind kurzärmelig, die Rennhosen kurz. Weithin sichtbare Trikots in grellen Farben tragen zur Unfallverhütung bei. Bei längeren Trainingsfahrten, vor allem wenn man größere Berge oder Pässe zu überwinden hat, ist es günstig, für die Abfahrt ein trockenes Unterhemd dabeizuhaben. Bei unsicherer Witterung lohnt sich eine Regenjacke. Mit etwas Verpflegung in den Trikottaschen, einer gefüllten Trinkflasche und etwas Kleingeld für den Notfall ist für alles gesorgt.

Ein altbewährtes Rezept: mehrere Lagen Zeitungspapier gegen den kühlen Fahrtwind bei der Abfahrt

Bei etwas kühlerer Witterung: Langarm- oder Kurzarmtrikot mit Ärmlingen, lange oder kurze Rennhosen mit Beinlingen, wärmende Kopfbedeckung

Frühjahr, Herbst und Winter

In diesen Jahreszeiten machen sich, vor allem bei Temperaturen unter 5 °C, zwei empfindliche Stellen des Körpers bemerkbar: die Hände und die Füße. Die Hände schützt man durch dicke, windabhaltende Handschuhe, die Füße durch Überschuhe oder durch über die Schuhe gezogene Socken. Es gibt auch spezielle Winterschuhe, die mit Fell gefüttert sind. Je nach der Außentemperatur wird man die oben beschriebene Schutzbekleidung entsprechend zum Einsatz bringen.

Bei Temperaturen unter 0 °C hört der Spaß langsam auf, hier trainieren nur noch die Allerhärtesten. – Es gibt schließlich auch noch andere Trainingsformen, um im Winter trainingswirksame Reize zu setzen.

Radsporttechnik

Der Mensch auf dem Rennrad

Die Faszination des Radsports beruht wesentlich auf dem Zusammenspiel zweier »Maschinen«: des Menschen und der Rennmaschine als technischem Gerät. Nur wenn Mensch und Rennrad aufeinander abgestimmt sind, ist es möglich, die biologischen Kräfte des menschlichen Organismus auf ideale Weise mit Hilfe des Rennrades in leichte und schnelle Fortbewegung umzuwandeln. Notwendig sind dazu:

- die richtige Sitzposition
- ein guter Fahrstil
- die Beherrschung der Kunst des Pedalierens

Die richtige Sitzposition

Vorausgesetzt, der Rahmen hat die richtige Höhe und Länge, der Lenkervorbau passt zur Länge der Arme und des Rumpfes und die Tretkurbellänge zur Länge der Beine, kann man jetzt darangehen, die richtige Sitzposition einzustellen. Man muss während der Fahrt auf dem Rennrad alle Bewegungsabläufe locker und leicht ausführen können. Wenn man während der Fahrt ständig die Arme angespannt halten und auf dem Sattel nach vorne oder nach hinten rutschen muss, stimmt die Sitzposition nicht. Man kann folgende Einstellungen vornehmen:

- Sattelhöhe
- Sattelneigung
- Sitzlänge
- Lenkerhöhe

Die ideale Sitzposition ist Voraussetzung für einen eleganten Fahrstil.

Sattelhöhe

Der Sattel soll so hoch sein, dass das Bein im Kniegelenk beim Passieren des unteren Punktes der Pedalumdrehung nicht vollständig gestreckt, sondern in einem Winkel von ca. 170 bis 175° leicht gebeugt ist. Die beiden wichtigsten Kontrollmöglichkeiten sind folgende:

Stellung der Beine bei richtiger Sattelhöhe

Bei gestrecktem Bein muss man mit der Ferse auf das Pedal gelangen.

➤ Auf dem Sattel sitzend stellt man die Ferse auf das umgedrehte Pedal, die Unterseite nach oben. Am unteren Punkt der Pedalstellung soll das Bein jetzt ganz gestreckt sein.

➤ In der gleichen Position soll es möglich sein, bei waagerechter Fußstellung die Fußspitze unter das Pedal zu schieben, wobei das Bein ebenfalls völlig gestreckt ist.

Dann ist die Sattelhöhe beim Fahren zu prüfen, wobei die Absätze der Rennschuhe auf den Pedalen ruhen. Wenn der Fahrer so treten kann, ohne von einer Seite des Sattels auf die andere zu rutschen, dürfte die richtige Sattelhöhe gefunden sein, zumindest für die wechselnden Anforderungen im Training und Wettkampf. Radsportler, die regelmäßig sehr hohe Tretgeschwindigkeiten bevorzugen, stellen den Sattel etwas tiefer, andere, die überwiegend mit sehr hohem Kraftaufwand treten (Zeitfahren), stellen den Sattel etwas höher ein. Die relativ höchste Satteleinstellung bevorzugen Sprinter, deren Beine am unteren Punkt der Pedalumdrehung fast gestreckt sind.
Nach dem Schweizer Wilfried Hügi erhält man den exakten Abstand zwischen der Mitte der Tretlagerachse und der Oberkante des Sattels (Sattelhöhe), indem man die Schrittlänge mit dem Faktor 0,885 multipliziert.
Wird die Einstellung bei einem neuen Sattel vorgenommen, muss man beachten, dass der Sattel nach 3000 bis 4000 km in der Sitzfläche etwas nachgeben und manchmal bis zu 10 mm »durchhängen« kann, sodass man die Sattelhöhe korrigieren muss.

Bei gestrecktem Bein muss man mit der Fußspitze unter das Pedal gelangen.

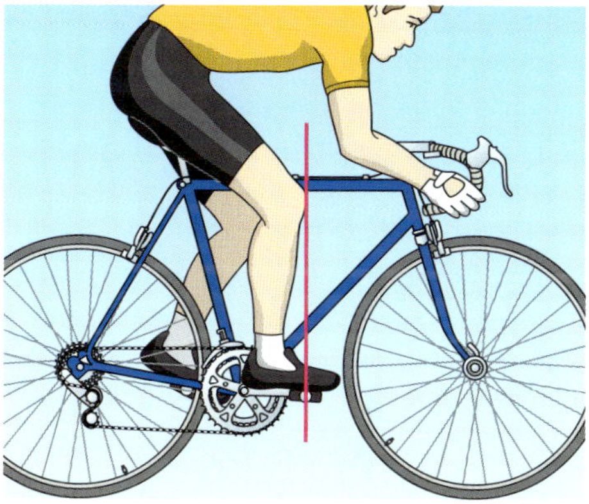

Korrekte Sattelstellung: Bei waagerechter Tretkurbel trifft das Lot von der Kniescheibe nach unten die Pedalachse.

Sattelneigung

Im Normalfall wird der Sattel bei gleich großen Laufrädern mit auf gleichen Druck aufgepumpten Reifen am besten mit der Wasserwaage exakt horizontal eingestellt, also parallel zum Oberrohr des Rahmens.

Sattelstellung und Sitzlänge

Die **Sattelstellung** wird nun durch Vor- oder Zurückstellen des Sattels korrigiert. Normalerweise liegt das von der Sattelspitze nach unten gefällte Lot etwa 2 bis 5 cm (durchschnittlich ca. 4 cm) hinter der Mitte der Tretlagerachse (Sattelstellung). Zur individuellen Korrektur setzt man sich bei waagerecht stehendem Rennrad auf den Sattel, stellt die Tretkurbeln ebenfalls exakt waagerecht. Die korrekte Sattelstellung ist gegeben, wenn ein vorn über die Kniescheibe gelegtes Lot genau durch die Pedalachse geht. Manche Rennfahrer stellen den Sattel auch etwas mehr nach vorne oder hinten, sodass dieses Lot mehr auf die Mitte zwischen Pedalachse und vorderem oder hinterem Pedalsteg trifft. Ist der Sattel nun korrekt justiert, geht man an die Einstellung der **Sitzlänge**, die der Entfernung von der

Bei richtiger Vorbaulänge darf das Knie in der gezeichneten Position den Ellenbogen leicht berühren (tiefe Lenkerhaltung, Tretkurbel parallel zum Unterrohr).

Sattelspitze zum Hinterrand des Lenkerbügels entspricht. Sie wird durch die Sattelstellung und durch die Länge des Vorbaues bestimmt. Wenn die Tretkurbeln parallel zum Unterrohr (Schrägrohr) des Rahmens stehen, der Fahrer den Lenker unten umfasst, sollte noch etwas Spielraum (ca. 5 mm) zwischen angewinkeltem Knie und Ellenbogen vorhanden sein. Prinzipiell sollte der Rahmen so kurz wie möglich, der Vorbau so lang wie möglich gewählt werden. Wenn man aufgrund dieser Feineinstellung der Sitzlänge jedoch einen längeren Vorbau als 12 bis 15 cm benötigen würde, so ist die Rahmenlänge zu kurz. Noch ein wichtiger Tipp: Bei Fahrern mit chronischen Rückenschmerzen hilft oft ein um 5 bis 10 mm kürzerer Vorbau.

Lenkerhöhe

Bei Rennrädern sollte der Lenker nicht höher als der Sattel stehen. Zu Anfang der Radsportkarriere kann die Lenkerhöhe etwa der Sattelhöhe entsprechen. Je mehr der Trainingszustand zu- und das Bauchfett abnimmt, desto tiefer kann man den Lenker

Je nach Trainingszustand wird der Lenker 1 bis 3 cm tiefer als der Sattel gestellt, jedoch nur selten mehr als 3 bis 4 cm unter Sattelhöhe.

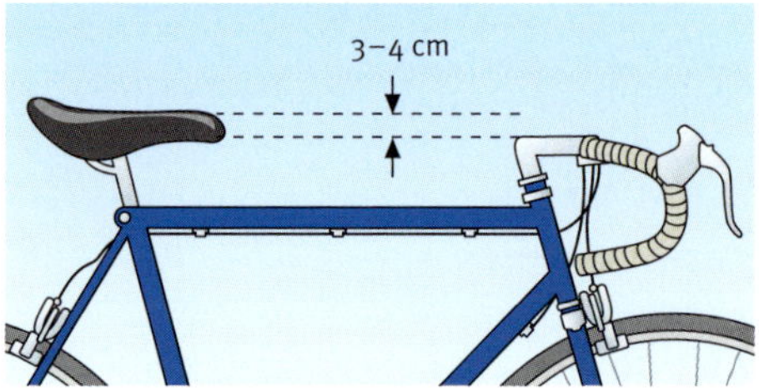

Maßkarte für Sitzposition

1 Sattelhöhe
2 Sattelstellung
3 Lenkerhöhe
4 Abstand Sattelspitze – Lenkerbügel (Krümmung)
5 Abstand Sattelspitze – Lenkerbügel (oben, hinterer Rand)

einstellen, jedoch nicht wesentlich tiefer als 3 bis 4 cm unter der Sattelhöhe. Nur wer sehr lange Arme hat, sollte dies tun. Die unteren Lenkergriffe sollten waagerecht eingestellt sein. Auf jeden Fall sollte man während der Fahrt in unterer Lenkergriffhaltung noch gut durchatmen können.

Anlegen einer Maßkarte

In Ergänzung zu den persönlichen Maßen seines individuellen Rennrades bezüglich Rahmenbau, Vorbaulänge, Länge der Tretkurbeln und der Pedalhaken (falls noch verwendet) sollte man sich jetzt auch die Maße für die Sitzposition in einer Maßkarte festhalten: Sattelhöhe, Sattelstellung (Distanz Sattelspitze–Tretlagerachse), Sitzlänge (Distanz Sattelspitze–Hinterrand des Lenkerbügels) und Lenkerhöhe (Distanz Satteloberrand–Oberrand des Lenkerbügels).

Der gute Fahrstil

So wie es nicht zwei Menschen gibt, die einen völlig gleichen Gang haben, so gibt es auch kaum Rennfahrer, die in Haltung und Fahrstil völlig übereinstimmen. Jeder Radsportler hat seine Besonderheiten, die von Körperbau, Temperament und vielem anderen abhängen. Trotzdem gibt es allgemeine Gesetzmäßigkeiten, die einen guten Fahrstil charakterisieren:

- aerodynamische Haltung mit wechselnden Griffpositionen am Lenker
- richtige Fußstellung im Pedal
- Beherrschung der Kunst des Pedalierens
- ruhige Haltung des Oberkörpers

Prinzipiell muss der Radsportler drei **Widerstandskräfte** überwinden, die mit steigender Geschwindigkeit kräftig zunehmen (siehe S. 70):

- Luftwiderstand
- Rollwiderstand
- Hangabtriebskraft bei Steigungen

Im Wesentlichen ist es der Luftwiderstand, der mit dem Quadrat der Fahrgeschwindigkeit zunimmt. Wenn man nicht gerade den Windschatten seines Vordermannes ausnutzt (siehe S. 78) und dem Luftwiderstand voll ausgesetzt ist, gilt es, eine aerodynamische Haltung mit möglichst kleiner Windangriffsfläche einzunehmen. Man unterscheidet die hohe, die mittlere und die tiefe Haltung auf dem Rennrad (siehe Grafik unten):

➤ Bei der hohen Haltung umfassen die Hände den oberen Teil des Lenkerbügels (»Oberlenkerhaltung«), die Windangriffsfläche beträgt etwa 0,5 bis 0,6 m².

Windangriffsfläche bei verschiedenen Haltungen auf dem Rennrad

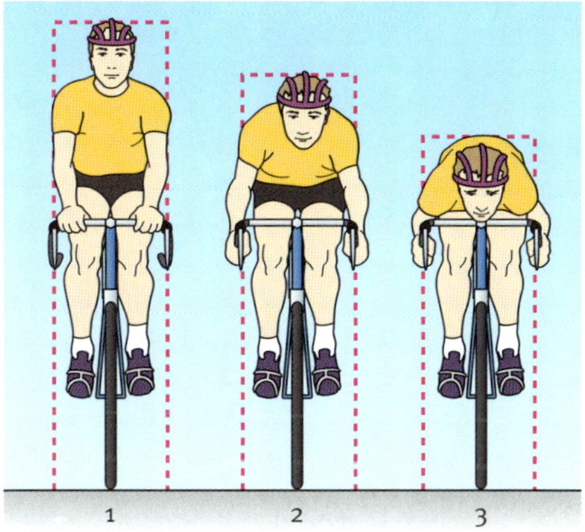

➤ Bei der mittleren Haltung umfassen die Hände die Bremsgriffe von oben (»Bremsgriffhaltung«). Die Windangriffsfläche beträgt etwa 0,4 bis 0,5 m².

➤ Bei der tiefen Haltung umfassen die Hände den Lenkerbügel an den Lenkerbögen (»Unterlenkerhaltung«). Die Kopffläche verschwindet ganz in der Fläche des Rumpfes. Die Windangriffsfläche beträgt nur noch etwa 0,3 m².

»Windschnittige« Haltung auf der Zeitfahrmaschine

Die Luftwiderstandsleistung bei einer Geschwindigkeit von 30 km pro Stunde in hoher Haltung entspricht etwa der bei 38 km pro Stunde in niedriger Haltung. Ein durchschnittlich trainierter Radsportler, der eine maximale Leistungsfähigkeit von 200 bis 250 Watt (siehe auch S. 88) hat, kann mit dieser ihm zur Verfügung stehenden Leistungsfähigkeit in tiefer Haltung etwa 38 bis 40 km pro Stunde erzielen, in mittlerer Haltung etwa 33 bis 36 km pro Stunde, in hoher Haltung aber nur 30 bis 32 km pro Stunde. Mit zunehmend höherer Geschwindigkeit wird daher eine aerodynamische tiefe Haltung notwendig.

Zu einer aerodynamischen Haltung gehört eine entsprechend ökonomische Beinarbeit. Die Beine sollten sich in zwei parallelen Ebenen möglichst dicht am Rahmen bewegen. Die Knie können sogar das Oberrohr des Rahmens leicht berühren. Diese ideale Beinarbeit ist nur möglich, wenn die Fußstellung in den Pedalen stimmt. Das ist dann der Fall, wenn das Großzehengrundgelenk über der Pedalachse arbeitet.

Bevor man die Pedalklammer an der Fußsohle fest fixiert, sollte man recht genau prüfen, ob die Längsachse des Schuhes und damit die des Fußes genau senkrecht zur Pedalachse verläuft. Niemals sollten die Schuhspitzen nach außen zeigen, eher noch etwas nach innen. Der Fuß sollte parallel zur Ebene des Rahmens arbeiten können. Das ist eine wichtige Voraussetzung dafür, dass ein vollkommener Fahrstil möglich wird.

Während der Fahrt sind die Arme leicht gebeugt, um Stöße und Erschütterungen abfangen zu können. Dabei soll man immer das Gefühl haben, locker auf dem Rad zu sitzen.

Haltung und Luftwiderstand bei verschiedenen Geschwindigkeiten					
Haltung	**Windangriffs-fläche (m²)**	**Luftwiderstandsleistung (Watt) bei**			
		30 km/h	**35 km/h**	**40 km/h**	**45 km/h**
hoch	0,5	200	300	470	650
mittel	0,4	150	230	340	500
tief	0,3	110	150	250	350

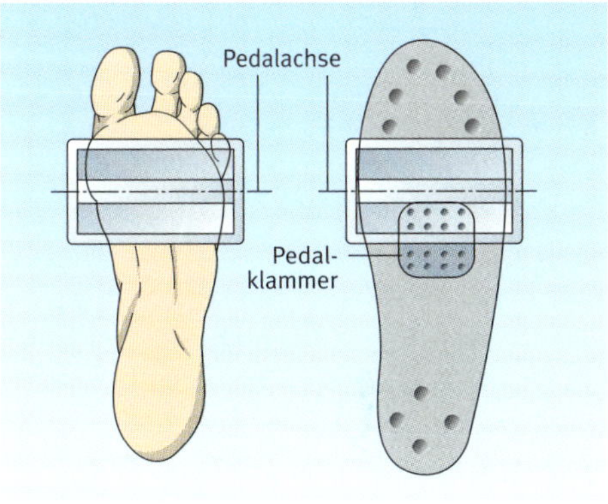

Stellung des Fußes: Großzehengrundgelenk (Fußballen) über der Pedalachse

Die Muskeln der Arme, des Schultergürtels und des Nackens sind immer wieder bewusst zu entspannen. Besonders zu Beginn ist die Vervollkommnung des Fahrstiles viel wichtiger als schnelles Fahren. Fehler, die sich am Anfang einschleichen, sind später kaum mehr zu beheben und verhindern, dass man die persönliche Leistungsgrenze jemals erreicht. Insbesondere sind es folgende drei Punkte, auf die man achten sollte:

- Die Beine mussen tatsächlich wie zwei Pleuelstangen immer exakt parallel zueinander arbeiten; die Beinführung sollte betont eng am Rahmen sein, zwischen Oberrohr des Rahmens und Innenkante der Knie darf kaum Zwischenraum sein.
- Ein perfekter Stilist lässt nur die Beine arbeiten, der übrige Körper bleibt ruhig. Insbesondere der Kopf sollte ruhig gehalten werden, der Rumpf nicht hin- und herpendeln. Ausnahmen gibt es nur bei großen Belastungen, im Sprint und beim Bergauffahren.
- Die Beinkraft soll während des gesamten Tretvorganges möglichst gleichmäßig auf die Pedale verteilt werden.

Der runde Tritt

Diese grundlegende technische Fähigkeit wird häufig nicht ohne Grund von vielen Radsportlern geradezu mystifiziert. Sie wird als die Kunst des Pedalierens oder das Geheimnis des runden Tritts bezeichnet. Den echten Radsportler erkennt man bereits von weitem an seinem runden Tritt. Denn nur wenn man seine Kräfte ganz gleichmäßig über den gesamten Tretvorgang verteilt, kann man die Tretbewegung vollständig ausnutzen. Drückt man das Pedal nur senkrecht von oben nach unten (»Hackstil«), setzt man nur einen kleinen Sektor der Kreisbewegung ein. Am obersten und am untersten Punkt ist der Druck wirkungslos. Daher werden diese Stellen auch als »tote Punkte« bezeichnet. Horizontal- und Vertikalkräfte müssen bei jedem Abschnitt des Tretvorganges in einem bestimmten Verhältnis zueinander stehen. Den günstigsten Hebelarm erhält man, wenn man die Kraft immer senkrecht zur Tretkurbel einwirken lässt. Dazu muss man zur Überwindung des oberen toten Punktes die Fußspitze heben und die Ferse senken, damit der Druck nach vorn wirkt. Zur Überwindung des unteren toten Punktes muss man die Fußspitze senken und die Ferse heben, um einen wirksamen Druck nach hinten ausüben zu können. Im übrigen hinteren Sektor der Kreisbewegung müssen vorwiegend Zugkräfte auf die Tretkurbeln ausgeübt werden. Der Fuß vollführt dabei um die Achse des oberen Sprunggelenkes eine lockere Auf- und Abbewegung. Dazu gehört eine gute Beweglichkeit und lockere Haltung im Sprunggelenk. Am deutlichsten ist diese Bewegung, vor allem das Anheben der Fußspitze, beim Überwinden des oberen toten Punktes, wenn man eine hohe Übersetzung oder im Sitzen bergauf fährt. Dieses Anheben der Fußspitze am oberen toten Punkt wird umso weniger ausgeprägt (siehe Grafik S. 60 unten), je schneller die Tretfrequenz wird. Die Fußstellung wird dann zunehmend waagerecht. Bei zunehmender Tretgeschwindigkeit konzentriert sich der Bewegungsablauf mehr auf das Überwinden des unteren toten Punktes mit gesenkter Fußspitze und angehobener Ferse. Diese »Spitzfußstellung« wird umso stärker, je schneller die Tretfrequenz wird. Sie wird auch am oberen toten Punkt beibehalten, da dieser nun mit Schwung überwunden wird.

Um am Anfang ein Gefühl für den runden Tritt zu bekommen, versucht man auf einer freien Übungsstrecke nur mit einem Fuß zu treten, während man den anderen aus dem Pedal herausnimmt. Dabei versucht man das Pedal gleichmäßig in Bewegung zu halten. Man spürt dabei ganz gut, welche Kräfte dafür notwendig und wirksam sind. Nach einigen hundert Metern wechselt man und übt mit dem anderen Fuß. Danach übt man das Zusammenspiel beider Füße. Insbesondere sollte man darauf achten, dass das Bein, das den Zug nach oben ausführen soll, auch wirklich angehoben wird.

Auch heute noch trainieren Radsportler manchmal den runden Tritt in der Vorbereitungsphase im Winter oder im Frühjahr mit einer Nabe ohne Freilauf. Bei einer solchen »starren Nabe« muss man ständig ohne Pause treten. Auf diese Weise wird man fast in einen runden Tritt hineingezwungen, andernfalls würde die Fahrweise unruhig, und man würde auf dem Sattel zu hüpfen begin-

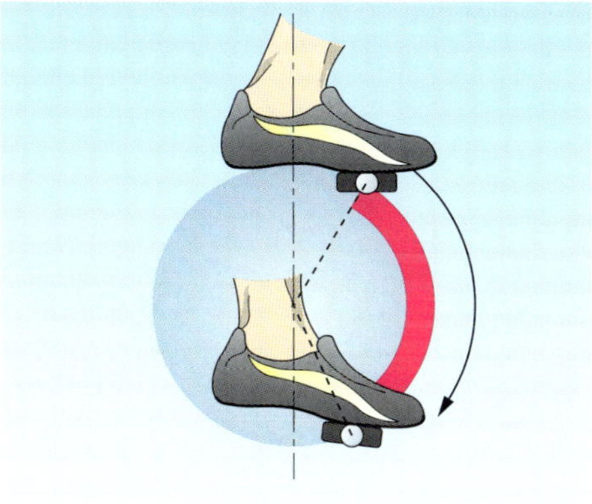

Durch Druck auf das Pedal senkrecht von oben nach unten (Hackstil) nutzt man nur einen kleinen Sektor der Tretbewegung aus.

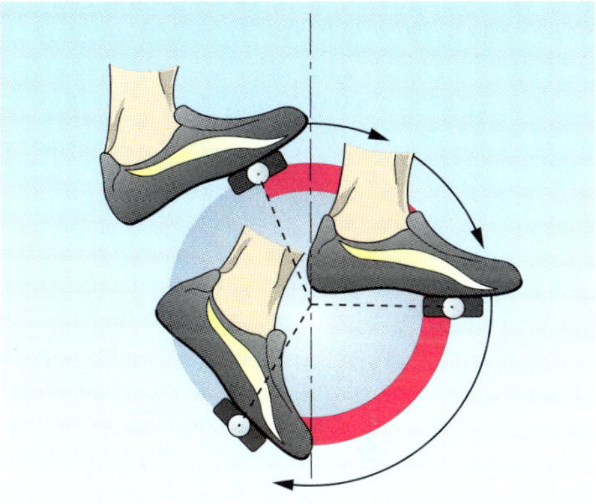

Beim »runden« Tritt wird ein viel größeres Segment der Tretbewegung ausgenutzt.

nen. Um eine starre Nabe zu erhalten, wird am Hinterrad anstelle des Mehrfach-Zahnkranzes ein einfacher Zahnkranz (z. B. 17 oder 18 Zähne) montiert und die Kette so angepasst, dass sie gerade lang genug ist, wenn sie vorne über das kleine Blatt (42 Zähne) läuft. Das Training mit starrer Nabe erfordert ständige Aufmerksamkeit. Aber die Mühe lohnt sich, denn nach einem Starrlauftraining von etwa 1000 bis 1500 km hat man zumindest das Gefühl, wie der runde Tritt abläuft. Anschließend übt man diesen Bewegungsablauf mit kleiner Übersetzung auf der gewohnten Leerlaufnabe weiter. Einen ähnlichen Effekt wie das Starrlauftraining hat übrigens auch das Ergometertraining (siehe S. 104), sofern das benutzte Ergometer eine große Schwungscheibe und keinen Freilauf hat.

Um die richtige Muskelfaserzusammensetzung mit einem hohen Anteil an Ausdauerfasern zu erzeugen, fahren Radsportler mit hohen Pedalumdrehungszahlen. Der Radsportler unterscheidet sich dadurch sehr wesentlich vom Durchschnittsbürger, der mit höchstens 50 bis 60 Pedalumdrehungen pro Minute tritt. Etwas anderes kommt diesem gar nicht in den Sinn. Aus Gründen vollkommener Leistungsentfaltung sprengen Radsportler diesen Rahmen sehr deutlich. Sie fahren bei Straßenrennen mit einer durchschnittlichen Pedalumdrehungszahl von ca. 90 Umdrehungen pro Minute. Ein Tempowechsel erfolgt nicht so sehr durch Benutzung höherer Gänge als vielmehr durch Steigerung der Tretgeschwindigkeit, meist bis 120 Umdrehungen pro Minute oder mehr. Aufgrund dieser Beobachtung muss man annehmen – und inzwischen ist es auch durch wissenschaftliche Untersuchungen belegt –, dass die spontan gewählte Pedalumdrehungszahl von Radrennfahrern um 100 Umdrehungen pro Minute für die Entfaltung der Kräfte günstig sein muss. Um diese Fähigkeit

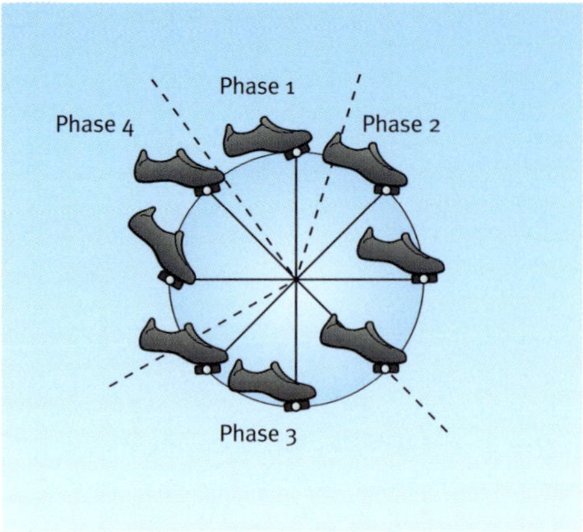

Niedere Tretfrequenz (60–90 U/Min. Steigungen, Berge, Zeitfahren usw.): Heben der Fußspitze am oberen toten Punkt und Senken der Fußspitze am unteren toten Punkt.

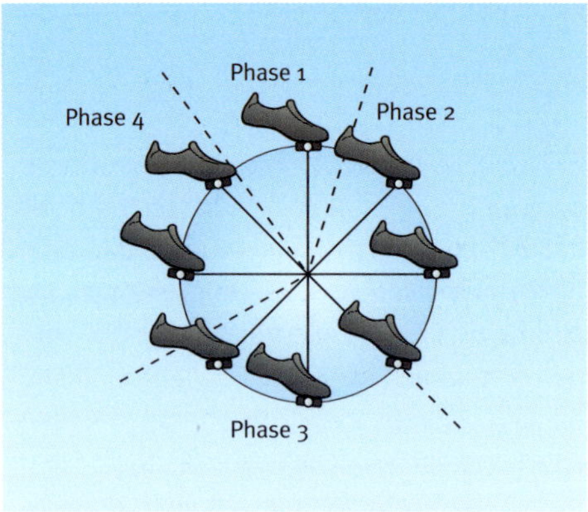

Mittlere Tretfrequenz (90–110 U/Min. Rennen, Fahrten in der Gruppe usw.): Fuß ist etwa waagerecht im oberen Sektor.

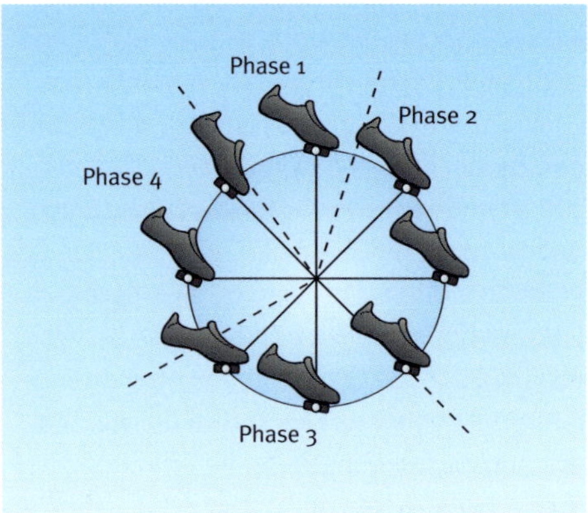

Hohe Tretfrequenz (110–150 U/Min. oder höher, Sprints, Bahnfahrer): Fußspitze ist in allen Phasen mehr oder weniger gesenkt.

zu erwerben, ist es wiederum notwendig, im Training noch höhere Umdrehungszahlen zu bevorzugen: Wenn jemand über längere Zeit ohne Ermüdung 120 Pedalumdrehungen pro Minute durchführen kann, wird es ihm leichter fallen, im Wettkampf 90 bis 100 Umdrehungen zu leisten, als wenn er zum Beispiel nur mit 80 Pedalumdrehungen pro Minute trainiert hätte.
Die Fähigkeit, mit hoher Trittgeschwindigkeit locker, rund und ökonomisch zu treten, kann man sich nur durch lange Übung aneignen. Dazu muss man unbedingt lange Zeit mit kleinen Übersetzungen (zum Beispiel 42/17 oder 42/18) fahren. Radrennfahrer der Spitzenklasse üben diesen runden Tritt mit solchen kleinen Übersetzungen während des ganzen Winters und legen so etwa 1000 bis 5000 Kilometer zurück – bevor sie ins Trainingslager in südliche Gefilde gehen. Dort vervollkommnen sie den runden Tritt noch weiter. Das Training des hohen Krafteinsatzes erfolgt erst viel später.
Auch aus Gründen der besseren Muskeldurchblutung ist eine hohe Tretfrequenz zu bevorzugen. Denn bereits wenn 20 % der maximalen Kraft eingesetzt werden, wird die arterielle Blutversorgung durch Kompression der kleinen Blutgefäße behindert. Ab 50 % der maximalen Kontraktionskraft kommt es zum völligen Verschluss der kleinen Blutgefäße (Kapillaren und Arteriolen)! Großer Krafteinsatz behindert die Durchblutung, während Muskelentspannung sie fördert. Auch aus diesen Gründen sollte der Krafteinsatz beim Tretvorgang möglichst gering und kurz sein, damit während der Phase der Muskelentspannung eine gute Durchblutung eintreten kann. Das ist nur bei einer hohen Tretgeschwindigkeit gewährleistet.
Die Tretgeschwindigkeit und der runde Tritt sind eine Wissenschaft für sich. Sie bedürfen geduldiger und ausdauernder Übung. Erst wenn man diesen Bewegungsablauf mühelos beherrscht, kann man von sich behaupten, richtig Rad fahren zu können.

Die richtige Übersetzung

Der Sinn der Übersetzung besteht darin, die biologischen Kräfte des Organismus unter optimalen Bedingungen zur Entfaltung zu bringen. Insbesondere ist es durch die Übersetzung möglich, sich an unterschiedliches Gelände und an wechselnde Situationen anzupassen.
In der Technik versteht man unter Übersetzung das Verhältnis zwischen der Antriebs- und Abtriebsdrehzahl eines Getriebes.
Beim Rennrad hängen Übersetzung und notwendige Tretkraft von folgenden Faktoren ab:

- Zähnezahl des vorderen Kettenblattes
- Zähnezahl des hinteren Zahnkranzes
- Länge der Tretkurbeln
- Durchmesser des angetriebenen Laufrades

Der Durchmesser eines Laufrades betrug beim Rennrad früher 27 Zoll (1 englischer Zoll = 2,54 cm). Die Maßeinheit stammt aus den Hochrad-Zeiten der Radsportgeschichte. Umgerechnet beträgt der Durchmesser eines Laufrades von 27 Zoll
27 × 2,54 cm = 68,58 cm.
Wegen der dünneren Reifen haben die heutigen 27-Zoll-Laufräder eines Rennrades nur noch einen Durchmesser von ca. 26,3 Zoll.

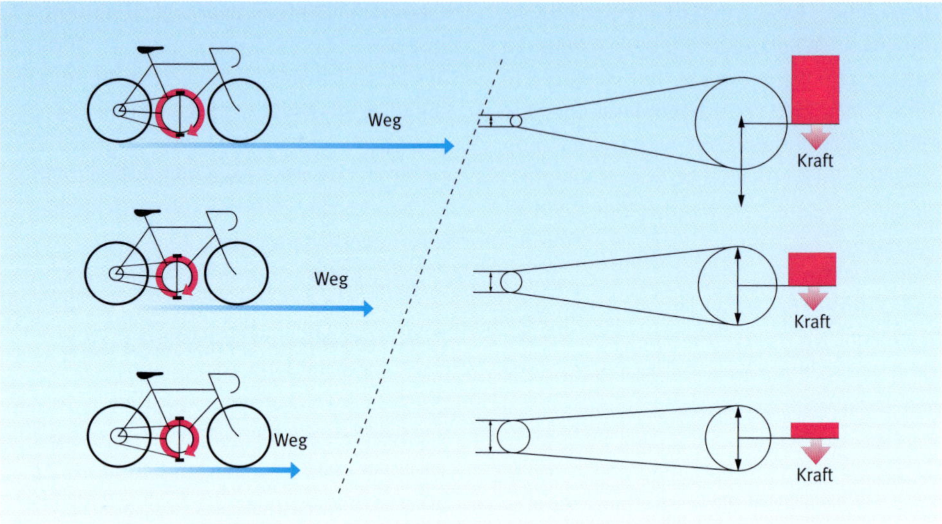

Die Übersetzung nutzt das physikalische Gesetz »Arbeit = Kraft x Weg«. Je länger der durch eine Pedalumdrehung zurückgelegte Weg sein soll, desto mehr Kraft muss ausgeübt werden. Und umgekehrt: Je kürzer der durch eine Pedalumdrehung zurückgelegte Weg ist, desto geringer kann der Krafteinsatz sein – desto häufiger muss man aber auch für den gleichen Weg treten.

Außerdem hängt die jeweilige Übersetzung noch von der Größe des Kettenblattes und der Zahnkränze ab.

z_1	= Zähnezahl des Kettenblattes
z_2	= Zähnezahl des Zahnkranzes
d	= Durchmesser des Hinterrades
u	= Umfang des Hinterrades

Übersetzung in Zoll

Früher benutzte man die Angabe der Übersetzung in Zoll nach der Formel:

$$\text{Übersetzung (Zoll)} = \frac{z_1 \times d}{z_2}$$

Beispiel:
Vorne 53 Zähne, hinten 16 Zähne:

Theoretische Übersetzung:

$$\frac{53 \times 27}{16} = 89{,}44 \text{ Zoll}$$

Reale Übersetzung:

$$\frac{53 \times 26{,}3}{16} = 87{,}12$$

Übersetzung in Meter

Heute verwendet man für die Angabe der Übersetzung meist die Ablauflänge in Meter, das heißt die Wegstrecke, die bei einer Pedalumdrehung zurückgelegt wird. Dazu braucht man den Umfang des Hinterrades und kann dann die pro Pedalumdrehung zurückgelegte Wegstrecke nach folgender Formel berechnen:

$$\text{Übersetzung (m)} = \frac{z_1 \times u}{z_2}$$

Den Umfang des Hinterrades kann man am besten messen, wenn man auf einer ebenen Fläche den durch eine Umdrehung des Hinterrades zurückgelegten Weg misst. Bei einem Radumfang von 210 cm wird mit einer Übersetzung von z. B. 53/16 pro Pedalumdrehung folgende Wegstrecke zurückgelegt:

$$\frac{53 \times 2{,}10}{16} = 6{,}96 \text{ m}$$

Für den normalen Gebrauch genügt es aber, die Übersetzung mit 53/16 zu bezeichnen. Da die Berechnung der Übersetzung umständlich ist, gibt es **Übersetzungstabellen**, die man zur Zusammenstellung einer individuellen Übersetzung benutzen kann (siehe S. 65). Dabei kann man sich auf bestimmte Erfahrungswerte stützen.
Bewährt hat sich z. B. folgende Standardzusammenstellung: Kettenblätter 53 und 42 bzw. 39 Zähne zusammen mit einem Achtfach-Zahnkranz mit 13, 14, 15, 16, 17, 19, 21, 23 Zähnen oder einem Neunfach-Zahnkranz mit 12, 13, 14, 15, 16, 17, 19, 21, 23 Zähnen. Die Abstufung von einem einzigen Zahn Unterschied ist nur in den unteren Bereichen etwa von 12 bis 17 Zähnen sinnvoll. Dann sollten die Unterschiede größer werden (mindestens zwei Zähne), damit eine gleichmäßige Abstufung in Bezug auf die

Bei zunehmender Zähnezahl im Zahnkranzbereich werden die Abstände immer enger, daher muss der Unterschied der Zähnezahl in diesem Bereich größer werden, um eine gleichmäßige Abstufung des Zahnkranzes zu erreichen.

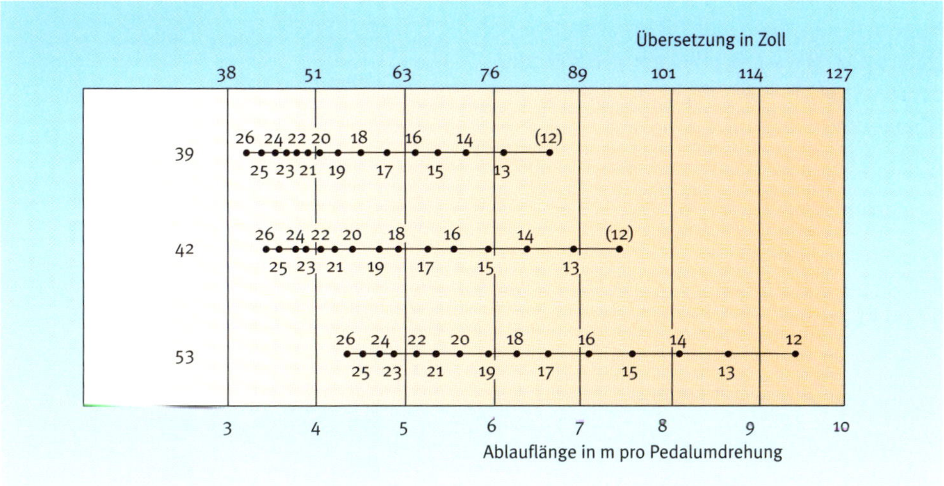

pro Pedalumdrehung zurückgelegte Wegstrecke erreicht wird (siehe Grafik S. 63 unten und Tabelle S. 65). Denken sollte man auch daran, dass wegen der zu schrägen Kettenlinie (siehe S. 25) mindestens vier Schaltmöglichkeiten wegfallen: mit dem (außen liegenden) großen Kettenblatt die zwei inneren (größten) Ritzel und mit dem (innen liegenden) kleinen Kettenblatt die zwei äußeren (kleinsten) Ritzel des Zahnkranzes. Bei der angegebenen Standardübersetzung würde man die Gänge etwa in folgender Reihenfolge schalten, wenn man von der kleinsten bis zur größten Übersetzung geht: 42/23, 42/21, 42/19, 42/17, 42/16, 42/15–53/17, 53/16, 53/15, 53/14, 53/13, 53/12.
Wenn das kleine Kettenblatt ein 39er-Kettenblatt ist, läuft es ähnlich ab (siehe Tabelle). Ob man frühzeitiger auf das große Kettenblatt umschaltet oder lieber auf dem kleinen bleibt, hängt davon ab, ob sich das Tempo voraussichtlich weiter steigern oder eher wieder vermindern wird (Steigungen, Kuppen, Berge, Gegenwind, Müdigkeit).
Prinzipiell kann man jedes Tempo mit einer höheren Übersetzung und geringerer Pedalumdrehungszahl oder mit einer kleineren Übersetzung und höherer Pedalumdrehungszahl fahren. Wie man sich entscheidet, hängt von verschiedenen Bedingungen ab:

- Trainingszustand
- Trainingsaufgabe
- Gelände
- Windverhältnisse
- Straßenverhältnisse
- Taktische Situation im Radrennen

Grundsätzlich gilt die Erfahrung: Je besser der Trainingszustand oder die aktuelle Form eines Radsportlers ist, desto eher wird er bei gleichem Tempo den kleineren Gang und die höhere Tretfrequenz bevorzugen. Das hat einen einfachen Grund: Ein besserer Ausdauer-Trainingszustand bedeutet einen höheren Anteil an Ausdauerfasern in der Beinmuskulatur (siehe S. 67 und 88), deren Eigenschaften eine hohe Ermüdungswiderstandsfähigkeit – aber gleichzeitig eine geringere Kraftleistung sind.
In Radrennen werden aus diesem Grund hohe Tretfrequenzen von 90 bis 120 Pedalumdrehungen/Minute bevorzugt – einmal aus Gründen einer hohen Ausdauerleistungsentfaltung und einer besseren Durchblutung der Beinmuskulatur, zum anderen aber auch, um rasche Tempowechsel nicht durch Wechsel in einen größeren Gang, sondern durch Variation der Tretgeschwindigkeit mitmachen zu können. Aus diesen Gründen und auch um die erwünschten Anpassungen im Ausdauer-Stoffwechsel und -Trainingszustand (siehe S. 91) zu erreichen, ist es wich-

Zahnkranz Ritzel	Großes Kettenblatt 53	Kleines Kettenblatt 42	Großes Kettenblatt 53	Kleines Kettenblatt 39
23	(4,84)	1 3,83	(4,84)	1 3,56
21	(5,30)	2 4,20	(5,30)	2 3,90
19	6 5,86	3 4,64	7 5,86	3 4,31
17	7 6,55	4 5,19	8 6,55	4 4,82
16	8 6,96	5 5,51	9 6,96	5 5,12
15	9 7,42	6 5,88	10 7,42	6 5,46
14	10 7,95	7 6,30	11 7,95	7 5,85
13	11 8,56	(6,78)	12 8,56	(6,30)
12	12 9,28	(7,35)	13 9,28	(6,83)

Übersetzungstabelle in Meter*

Ritzel	Kettenblatt													
	30	**32**	**39**	**40**	**41**	**42**	**44**	**48**	**50**	**52**	**53**	**54**	**55**	**56**
11	5,73	6,11	7,45	7,64	7,83	8,02	8,40	9,16	9,55	9,93	10,12	10,31	10,50	10,69
12	5,25	5,60	6,83	7,00	7,18	7,35	7,70	8,40	8,75	9,10	9,28	9,45	9,63	9,80
13	4,85	5,17	6,30	6,46	6,62	6,78	7,11	7,75	8,08	8,40	8,56	8,72	8,88	9,05
14	4,50	4,80	5,85	6,00	6,15	6,30	6,60	7,20	7,50	7,80	7,95	8,10	8,25	8,40
15	4,20	4,48	5,46	5,60	5,74	5,88	6,16	6,72	7,00	7,28	7,42	7,56	7,70	7,84
16	3,94	4,20	5,12	5,25	5,38	5,51	5,78	6,30	6,56	6,83	6,96	7,09	7,22	7,35
17	3,71	3,95	4,82	4,94	5,06	5,19	5,44	5,93	6,18	6,42	6,55	6,67	6,79	6,92
18	3,50	3,73	4,55	4,67	4,78	4,90	5,13	5,60	5,83	6,07	6,18	6,30	6,42	6,53
19	3,32	3,54	4,31	4,42	4,53	4,64	4,86	5,31	5,53	5,75	5,86	5,97	6,08	6,19
20	3,15	3,36	4,10	4,20	4,31	4,41	4,62	5,04	5,25	5,46	5,57	5,67	5,78	5,88
21	3,00	3,20	3,90	4,00	4,10	4,20	4,40	4,80	5,00	5,20	5,30	5,40	5,50	5,60
22	2,86	3,05	3,72	3,82	3,91	4,01	4,20	4,58	4,77	4,96	5,06	5,15	5,25	5,35
23	2,74	2,92	3,56	3,65	3,74	3,83	4,02	4,38	4,57	4,75	4,84	4,93	5,02	5,11
24	2,63	2,80	3,41	3,50	3,59	3,68	3,85	4,20	4,38	4,55	4,64	4,73	4,81	4,90
25	2,52	2,69	3,28	3,36	3,44	3,53	3,70	4,03	4,20	4,37	4,45	4,54	4,62	4,70
26	2,42	2,58	3,15	3,23	3,31	3,39	3,55	3,88	4,04	4,20	4,28	4,36	4,44	4,52
27	2,33	2,49	3,03	3,11	3,19	3,27	3,42	3,73	3,89	4,04	4,12	4,20	4,28	4,36
28	2,25	2,40	2,93	3,00	3,08	3,15	3,30	3,60	3,75	3,90	3,98	4,05	4,13	4,20

* Die Angaben beruhen auf einem Laufradumfang von 210 cm.

tig, im Training bewusst Grundlagenausdauer mit kleineren Gängen (z. B. 42/17 oder 39/15) über längere Strecken mit höherer Tretfrequenz (90 bis 120 Pedalumdrehungen/Minute) zu trainieren. Wer bereits im Training immer hohe Gänge fährt, wird vielleicht »Trainingsweltmeister«, aber er wird niemals seine Wettkampf-Höchstform erreichen.

Übersetzungsbeschränkung bei Schülern und Jugendlichen

Die für die Leistungssteigerung im Radsport wesentlichen Anpassungserscheinungen entwickeln sich besser und schneller bei hoher Tretgeschwindigkeit und geringem Krafteinsatz. Radsportler sind Ausdauersportler und keine Kraftsportler.

Die Ausbildung der Fähigkeit »Kraft« blockiert die Ausbildung der Fähigkeit »Ausdauer«. Deswegen ist es vernünftig und logisch, die Übersetzung bei Schülern und Jugendlichen nach oben zu begrenzen (siehe Tabelle).
Für die Überprüfung der Übersetzungsbeschränkung ist ausschließlich die Ablauflänge (Entfaltung) entscheidend. Sie gibt die Strecke in Metern an, die bei einer Pedalumdrehung zurückgelegt wird.

Schüler und Jugendliche sollten auf keinen Fall zu früh mit zu hohen Übersetzungen fahren. Dieses Gesetz beruht auf den Erfahrungen ganzer Radsportgenerationen – und wird heute durch wissenschaftliche Ergebnisse untermauert. Daher sollte man schon beim Kauf des Rennrades für Schüler oder Jugendliche darauf achten, die angegebenen Übersetzungen nicht zu überschreiten, damit nicht zu früh zu hohe Gänge gefahren werden.

Altersklassen und Übersetzungsbeschränkungen im Straßenradsport

Altersklasse	**Alter**	**Übersetzungsbeschränkung**[1] **Entfaltung**	**zum Beispiel**
Männlicher Bereich			
Senioren	ab 30 J.	–	–
Elite	ab 23 J.	–	–
U 23	19–22 J.	–	–
Junioren U 19	17–18 J.	7,93 m	52 × 14
Jugend U 17	15–16 J.	7,01 m	52 × 16
Schüler U 15	13–14 J.	6,10 m	42 × 15
Schüler U 13	11–12 J.	5,66 m	42 × 16
Schüler U 11	bis 10 J.	5,66 m	42 × 16
Weiblicher Bereich			
Seniorinnen	ab 30 J.	–	–
Frauen	ab 19 J.	–	–
Juniorinnen U 19	17–18 J.	7,93 m	49 × 14
Weibl. Jugend U 17	15–16 J.	7,01 m	52 × 16
Schülerinnen U 15	13–14 J.	6,10 m	42 × 15
Schülerinnen U 13	11–12 J.	5,66 m	42 × 16
Schülerinnen U 11	bis 10 J.	5,66 m	42 × 16

[1] Entscheidend für die Übersetzungsbeschränkung ist die Entfaltung in Metern (Ablauflänge), nicht die Zähnezahl.

Die optimale Tretgeschwindigkeit

Die richtige Tretgeschwindigkeit ist eines der Geheimnisse im Radsport, für die das Wort des Physikers Albert Einstein gilt: »Logisches Denken kann uns keinerlei Wissen über die empirische Welt vermitteln. Behauptungen, die durch rein logische Mittel aufgebaut werden, entbehren jeglicher Realität.«

Radrennfahrer aller Zeiten haben schon immer hohe Tretfrequenzen bevorzugt, da sie die Erfahrung machten, dass man nur auf diese Weise seine Höchstform aufbauen kann. Es gilt folgendes Gesetz: Bei gleicher Fahrgeschwindigkeit bevorzugt der besser trainierte Radsportler die höhere Tretfrequenz – und umgekehrt: Der Radsportler, dessen Leistungsfähigkeit sinkt, nimmt Zuflucht zu größeren Übersetzungen mit niedrigerer Tretgeschwindigkeit.

Vordergründig betrachtet scheint diese Tatsache das Argument zu unterstützen, dass die niedrigere Tretfrequenz eben doch ökonomischer sei. Der Starke verschleudert vielleicht seine überschüssigen Kräfte durch eine unökonomische Tretgeschwindigkeit, während der Schwächere sparsam mit seinen noch vorhandenen Kräften umgehen muss. Dieses Argument wird jedoch durch folgendes Gesetz entkräftet: Durch Bevorzugung großer Übersetzungen mit niedrigerer Tretfrequenz nimmt die Leistung weiter ab.

Das hängt mit der biologischen Notwendigkeit zusammen, in der Beinmuskulatur vorwiegend Ausdauerfasern heranzubilden, um in der Ausdauersportart Radsport bestehen zu können. Ausdauerfasern werden aber nur durch Ausdauerbelastungen erzeugt. Durch Kraftbelastungen werden jedoch Kraftfasern erzeugt, welche die Ausdauerfasern verdrängen. Ausdauerfasern sind widerstandsfähig gegen Ermüdung, während Kraftfasern schnell ermüden. Um Ausdauerfasern zu erzeugen, muss man also Ausdauer trainieren – und gleichzeitig hohen Krafteinsatz vermeiden. Nach dem Gesetz Arbeit = Kraft x Weg muss man den Weg verlängern, um bei gleicher Arbeit den Krafteinsatz vermindern zu können. Den Weg verlängern heißt aber im Radsport, die kleinere Übersetzung mit hoher Tretfrequenz zu fahren. Prinzipiell werden daher im Training höhere Tretfrequenzen gefahren als im Rennen – aber nach einem Rennen muss man sofort wieder zu den höheren Tretfrequenzen zurückkehren, um den Anteil der Ausdauerfasern aufrechtzuerhalten. Aufgrund der Muskelfaserzusammensetzung mit einem hohen Anteil von Ausdauerfasern, die eine geringere Kraftfähigkeit haben, müssen Radsportler auch im Rennen höhere Tretfrequenzen bevorzugen. Außerdem begünstigt eine höhere Bewegungsgeschwindigkeit der Beine die Leistungsentfaltung, eine bessere Durchblutung und einen müheloseren Tempowechsel.

Die optimale Tretgeschwindigkeit des Radsportlers dürfte für Training und Wettkampf bei 90 bis 120 Umdrehungen pro Minute liegen.

Tretgeschwindigkeit beim Stundenweltrekord

Die Aufstellung eines Stundenweltrekordes ist eine der schwersten Ausdauerprüfungen im Radsport. Dabei wird ein Zeitfahren von

60 Minuten durchgeführt und die in dieser Zeit gefahrene Wegstrecke gemessen. Weltrekorde können prinzipiell nur unter den besten und günstigsten Bedingungen aufgestellt werden. Es wäre also unsinnig zu glauben, die Inhaber von Stundenweltrekorden hätten absichtlich eine ungünstige Übersetzung und eine unökonomische Tretgeschwindigkeit bevorzugt. Aus untenstehender Tabelle sieht man aber Folgendes: Die Weltrekorde wurden nicht mit den größten Übersetzungen aufgestellt, und fast einheitlich lag die Tretfrequenz um oder über 100 Umdrehungen pro Minute.

Stundenweltrekorde: die interessantesten Daten

Rennfahrer	Jahr	Rekord (km/h)	Übersetzung	Pedalumdrehungen pro Minute
Coppi	1942	45,798	52 × 15	105,4
Anquetil	1956	46,159	52 × 15	105,9
Baldini	1956	46,393	52 × 15	106,6
Rivière	1957	46,923	52 × 15	107,9
Rivière	1958	47,347	53 × 15	106,8
Bracke	1967	48,093	54 × 15	104,2
Ritter	1968	48,653	54 × 15	105,4
Merckx	1972	49,432	52 × 14	103,9
Moser	1984	50,808	56 × 15	106,2
Moser	1984	51,151	57 × 15	105,1
Obree	1993	51,596	54 × 12	90,1
Boardman	1993	52,270	53 × 13	101,8
Obree	1994	52,713	52 × 12	95,0
Indurain	1994	53,040	59 × 14	99,9
Rominger	1994	53,832	60 × 14	99,7
Rominger	1994	55,291	60 × 14	102,4
Boardman	1996	56,375	56 × 13	104,2

Stundenweltrekord: Francesco Moser auf der Bahn von Mexico City

Die Fahrtechnik

Gerade im Radsport ist man auf die Beherrschung seines Sportgerätes angewiesen, weil man sich ihm ganz anvertraut. Bei den erreichten Geschwindigkeiten treten außerdem Widerstandskräfte auf, die es in anderen Sportarten, in denen der Mensch sich aus eigener Kraft fortbewegt, nicht gibt.

Die Radsportleistung in Watt

Es ist üblich, die Leistung eines Automotors in Kilowatt (kW) oder in Pferdestärken (PS) anzugeben. Diese Maßeinheiten hängen wie folgt zusammen:

1 Pferdestärke (PS) = 735 Watt (W)
= 0,735 Kilowatt (kW) oder
1 Kilowatt (kW) = 1000 Watt (W)
= 1,36 Pferdestärken (PS) oder
0,1 Kilowatt (kW) = 100 Watt (W)
= 0,136 Pferdestärken (PS)

Untrainierte 30-Jährige leisten etwa 2 bis 3 Watt pro Kilogramm Körpergewicht, also etwa 150 bis 250 Watt. Für die tägliche Hausarbeit genügen etwa 100 bis 120 Watt, für flottes Treppensteigen braucht man etwa 120 bis 150 Watt – falls man nicht gerade mehr als 2 Zentner wiegt. Für einen langsamen Dauerlauf könnte man ca. 180 Watt ansetzen. Radsportler der Seniorenklasse mit einem durchschnittlichen Körpergewicht von 70 Kilogramm haben ungefähr 300 bis 350 Watt Leistungsfähigkeit. Straßenradrennfahrer der Nationalmannschaft leisten ca. 400 bis 450 Watt. Profis liegen noch darüber, oft deutlich über 500 Watt! Wir müssen uns mit dieser Maßeinheit vertraut machen, um die Zusammenhänge besser verstehen zu können.

Die Widerstandskräfte im Radsport

Im Wesentlichen sind drei Widerstandskräfte zu überwinden:

- Rollreibungskraft
- Luftwiderstandskraft
- Hangabtriebskraft

In der Ebene sind es vor allem Luftwiderstandskraft und Rollreibungskraft, gegen die man ankämpfen muss. Beim Bergauffahren macht dem Radsportler vor allem die Hangabtriebskraft zu schaffen.
Wenn man weiß, wie diese Kräfte zusammengesetzt sind, kann man gezielt versuchen, diese möglichst klein zu halten.

Rollreibungskraft (Rollwiderstand)

Wenn man von der Reibung der Pedale, des Tretlagers und der Kette einmal absieht, da man auf diese Reibung außer durch kräftiges Ölen und Fetten sowieso keinen Einfluss hat, bleibt im Wesentlichen der Rollwiderstand der Laufräder. Die größte Reibung wird dabei durch den Kontakt der Reifen mit der Straßenoberfläche verursacht. Am stärksten wird dieser Rollwiderstand durch die Auflagefläche der Reifen und das Gesamtgewicht von Fahrer und Rennmaschine beeinflusst. Folgende Punkte sind zu beachten, um den Rollwiderstand der Laufräder klein zu halten:

➤ Gesamtgewicht von Fahrer und Rennmaschine sollten möglichst klein sein.

➤ Der Luftdruck im Reifen sollte ausreichend hoch sein (siehe S. 32). Wenn man während der Fahrt die Wahl hat, sollte man sich die glatteren Teile einer Straße aussuchen, da bei rauem oder unregelmäßigem Straßenbelag die Auflagefläche des Reifens größer ist als auf glatter Fahrbahn.
Beachten sollte man aber dabei, dass stark aufgepumpte Reifen bei nasser Fahrbahn weniger Bodenhaftung haben. Beim Bergauffahren kann das Hinterrad bei zu hohem Luftdruck durchrutschen. Schließlich springt ein zu hart aufgepumptes Laufrad bei schlechter

Rollreibung und Gesamtwiderstand bei verschiedenen Geschwindigkeiten

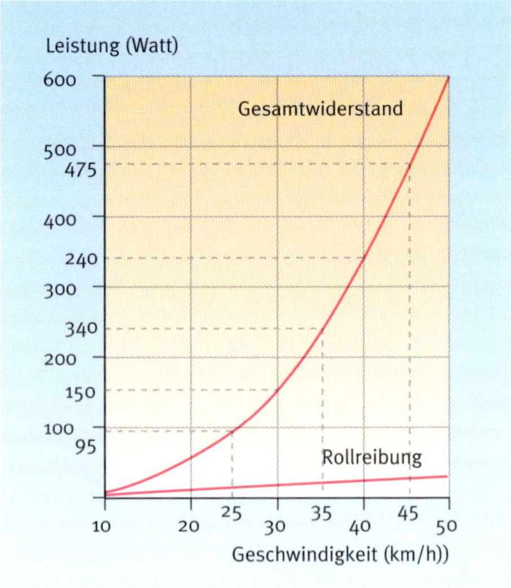

Fahrbahn und stört den Fahrrhythmus. Meistens wird man einen Reifendruck von 7 bis 10 bar wählen (siehe S. 32). Wichtig ist es zu wissen, dass mit zunehmender Geschwindigkeit die Bedeutung des Rollwiderstandes abnimmt. Beträgt er bei 15 km pro Stunde noch 40 % des Gesamtwiderstandes, so sind es bei 40 km pro Stunde nur noch 10 %. Je schneller man also fährt, desto mehr gewinnt die Aerodynamik an Bedeutung.

Luftwiderstandskraft

Sie wächst mit dem Quadrat der Geschwindigkeit. Wenn man also die Geschwindigkeit verdoppelt, vervierfacht sich der Luftwiderstand! Die Luftwiderstandskraft hängt von folgenden Faktoren ab:

- von der Windangriffs- oder Stirnfläche von Radrennfahrer und Rennmaschine zusammen
- vom Luftwiderstandsbeiwert (c_W-Wert), der unter anderem von der Oberflächenbeschaffenheit von Rennfahrer, Rennmaschine und Rennkleidung abhängt
- von der Luftdichte
- vom Quadrat der Fahrgeschwindigkeit

Der Luftwiderstand wird also umso geringer,

- je kleiner die Windangriffsfläche des Rennfahrers ist (am kleinsten bei tiefer unterer Lenkerhaltung),
- je aerodynamisch günstiger sich Radrennfahrer und Rennrad verhalten (die Stromlinienform wird auch durch eine geschmeidige und stilistisch vollkommene Fahrweise verbessert),
- je glatter die Oberfläche der Bekleidung (dies gilt besonders für das Zeitfahren) und

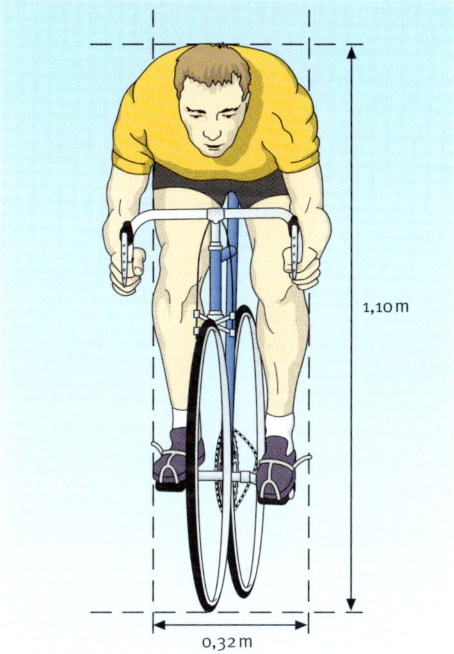

Windangriffs- oder Stirnfläche des Radrennfahrers mit Rennmaschine (hier 0,35 m²)

- je geringer die Luftdichte ist (daher wurden Stundenweltrekorde in großen Höhen aufgestellt).

Bei Windstille und trockener Asphaltstraße ergibt sich der Gesamtwiderstand, wenn man Rollwiderstand und Luftwiderstand zusammenzählt. Aus der Grafik von S. 70 ist ersichtlich, dass man für eine Geschwindigkeit von 30 km pro Stunde (in der Ebene ohne Gegenwind) eine Leistung von etwa 150 Watt aufbringen muss, für 35 km pro Stunde eine von 240 Watt – und für 40 km pro Stunde eine Leistung von 340 Watt! Dabei ist eine mittlere bis tiefe Haltung (Windangriffsfläche ca. 0,35 m^2) vorausgesetzt. Ein durchschnittlich trainierter Radsportler mit einer Höchstleistung von 250 Watt wird also im Training in der Ebene zwischen 30 und 35 km pro Stunde schaffen – mehr aber nicht. Wenn er schneller fahren möchte, muss er den Windschatten eines Vordermannes ausnutzen, wobei man die Höchstleistung von 240 bis 250 Watt kurzfristig als Führender bringen kann, um sich dann im Windschatten »auszuruhen«. Beim Zeitfahren im Wettkampf ist man jedoch alleine den Widerstandskräften ausgesetzt. Bei einer Alleinfahrt mit 40 km pro Stunde braucht man daher eine Leistungsfähigkeit von ca. 340 Watt. Die Durchschnittsgeschwindigkeit beim Zeitfahren liegt heutzutage bei über 50 km pro Stunde, sodass der Radsportler dann deutlich mehr als 500 Watt leisten muss – das kommt schon fast in die Nähe einer Pferdestärke!

Hangabtriebskraft

Beim **Bergauffahren** muss man neben dem Rollwiderstand und dem Luftwiderstand auch die Kraft aufbringen, um sich selbst und das Rennrad in größere Höhen zu transportieren. Die Fahrgeschwindigkeit wird geringer, sodass die Bedeutung des Luftwiderstandes und der Rollreibungskraft abnimmt. Die Geschwindigkeit, die beim Bergauffahren erzielbar ist, hängt von der Leistungsfähigkeit des Fahrers, dem Gesamtgewicht von Fahrer und Rennmaschine und von der Steigung ab. Daher sind diejenigen Radsportler beim Bergauffahren im Vorteil, die ein geringeres Gewicht haben. Beispielsweise erreicht der gleiche Fahrer, der mit 150 Watt Leistung in der Ebene 30 km pro Stunde zurücklegt, bei einer Steigung von 12 % und einem Körpergewicht von 70 kg nur noch 5 km pro Stunde. Wer in der Ebene 40 km pro Stunde fährt und dabei 340 Watt leistet, erreicht bei der gleichen Steigung mit dieser Leistung eine Geschwindigkeit von etwa 12 km pro Stunde.

Beim **Bergabfahren** wird man für diese Mühe belohnt: Die Hangabtriebskraft wird wieder frei – und erzeugt eine unter Umständen sehr hohe Geschwindigkeit. Dabei kommt die Luftwiderstandskraft wieder zur Geltung, da sie mit dem Quadrat der Geschwindigkeit ansteigt. Es gelten folgende Gesetze:

- Je größer das Gefälle, desto größer die frei werdende Hangabtriebskraft.
- Je größer das Gewicht des Fahrers, umso schneller die Geschwindigkeit beim Bergabfahren.
- Je besser die aerodynamische Haltung, desto geringer der Luftwiderstand und desto höher die Abfahrtsgeschwindigkeit. Dabei werden nicht selten Geschwindigkeiten von über 80 km pro Stunde erreicht.

Die Technik des Bergfahrens

Bergauf kann man im Sitzen oder im Stehen fahren. Das hängt von individuellen Eigenschaften ab. Im Stehen fährt man im Wiegetritt, im Sitzen kann man den Lenker am oberen Lenkerbügel und an den Bremsgriffen fassen. Beim Bergabfahren geht man in die tiefe aerodynamische Haltung.

Wiegetritt

Der Wiegetritt bedeutet eine athletische Beanspruchung des ganzen Körpers. Mit den Händen meist an den Bremsgriffen geht man aus dem Sattel und verlagert das Körpergewicht jeweils auf das gestreckte Bein, während man gleichzeitig mit Armen und Rumpf einen Gegenzug am Lenker ausübt, sodass die Rennmaschine jeweils zur entgegengesetzten Seite gekippt wird. Der Rumpf bleibt jedoch immer senkrecht. Besonders bei sehr steilen Anstiegen ist man auf diese Technik angewiesen. Auch Fahrer mit relativ hohem Körpergewicht bevorzugen sie. Bergspezialisten können sehr lange Bergstrecken im Wiegetritt zurücklegen. Der Spanier Federico Bahamontes, der »Adler von Toledo«, wechselte bei langen Passfahrten regelmäßig zwischen Wiegetritt und sitzender Position, wobei er jeweils zwölf Pedalumdrehungen im Wiegetritt und zwölf in sitzender Position ausführte, und das in ständigem regelmäßigem Wechsel. Für diese Technik braucht der Radsportler sehr viel Kraft in der Arm-, Oberkörper-, Rumpf- und Rückenmuskulatur (siehe auch S. 92).

Bergfahrt in oberer Lenkergriffhaltung

Den oberen Lenkerbügel von oben packend kann man einen kräftigen Zug am Lenker ausüben. Dabei sitzt man im Sattel entweder weiter hinten oder weiter vorne als gewöhnlich. Der Tretvorgang ist langsamer, am oberen toten Punkt ist die Ferse gesenkt, die Fußspitze gehoben, um das Pedal kräftig nach vorne zu schieben. Die Atmung soll locker und nicht gepresst sein.

Wiegetritt beim Bergauffahren

Bergfahrt mit Bremsgriffhaltung

Sie wird bei mittleren Steigungen bevorzugt. Man kann mit dieser Griffhaltung ebenfalls einen starken Zug am Lenker ausüben, wobei man manchmal mit dem Oberkörper leicht hin- und herpendelt. Die Armhaltung ist breiter, sodass die Atmung unter Umständen freier als bei der oberen Lenkergriffhaltung ist. Außerdem ist es aus der oberen Bremsgriffhaltung jederzeit möglich, ohne Änderung der Griffhaltung in den Wiegetritt überzugehen.

Bergabfahren

Der gute Radsportler fasst die Bergkuppe ins Auge – und tritt noch einmal kräftig an. Auf der Kuppe schaltet man auf eine größere Übersetzung, tritt mit voller Kraft weiter und nimmt eine möglichst aerodynamische Haltung ein. Man umfasst die unteren Lenkerbögen, nimmt die Ellenbogen nach innen, stellt die Tretkurbeln und die Pedale mit den Füßen waagerecht. Der Kopf wird in den Nacken genommen, damit man die Strecke genau übersieht.

Obere Lenkergriffhaltung

Bremsgriffhaltung

Nach Überwindung der Bergkuppe mit voller Kraft hinein in die Abfahrt

Wenn die Geschwindigkeit so groß ist, dass sie durch weiteres Treten nicht mehr erhöht werden kann, kann man sich ausruhen und neue Kraft für die Fahrt in der Ebene schöpfen. Doch bei aller Entspannung muss man bei den auftretenden hohen Geschwindigkeiten stark konzentriert bleiben, um Hindernisse und Straßenunebenheiten rechtzeitig zu erkennen.

Die Kurven müssen mit einwandfreier Technik durchfahren werden, durch gefühlvolles Bremsen muss die Geschwindigkeit an die Kurvenkrümmung angepasst werden. Die Beinmuskulatur lockert man, indem man sie ab und zu schüttelt und leichte Tretbewegungen nach vorwärts oder rückwärts ausführt.

ACHTUNG

Bevor man sich mit dieser Technik in die Abfahrt begibt, muss man sicher sein, dass beide Reifen gut aufgeklebt sind!

Kurvenfahren

Ein Radsportler sollte jede Kurve mit optimaler Geschwindigkeit durchfahren können. Die auszugleichenden Fliehkräfte hängen ab vom Gesamtgewicht des Rennfahrers und der Rennmaschine, vom Quadrat der gefahrenen (Winkel-)Geschwindigkeit in der Kurve und von der Krümmung (Kurvenradius). Daraus ergibt sich:

- Die Zentrifugalkraft wird umso größer, je mehr Mensch und Maschine zusammen wiegen.
- Die Zentrifugalkraft wächst mit dem Quadrat der Geschwindigkeit.
- Die Zentrifugalkraft ist umso größer, je stärker die Kurve gekrümmt ist.

Um diese Zentrifugalkräfte zu überwinden, kann man Folgendes unternehmen: Man neigt Rennmaschine und Körper nach der Innenseite der Kurve. Dieses Gegengewicht kann man noch vergrößern, indem man den Rumpf zur Innenseite der Kurve neigt und das kurveninnere Knie hinausstellt. Die Bewegung des Knies sollte man als Bewegungsreserve zurückbehalten, wenn man merkt, dass man etwas zu schnell in die Kurve gegangen ist. Die maximale Neigung, die man mit dem Rennrad auf trockenem Asphalt einnehmen kann, beträgt etwa 73°. Die Haftung wird verbessert, wenn man im Sattel nach hinten rutscht und so das Hinterrad stärker belastet. Die günstigste Fahrlinie in der Kurve liegt theoretisch so, dass der Kurvenradius vergrößert wird.

Position des Radrennfahrers in der Kurve:
1 Der Rumpf ist nach innen geneigt, nur geringe Neigung des Rennrades.
2 Der Rumpf hat die gleiche Schräglage wie das Rennrad.
3 Das Rennrad ist stärker in die Kurve geneigt als der Oberkörper.

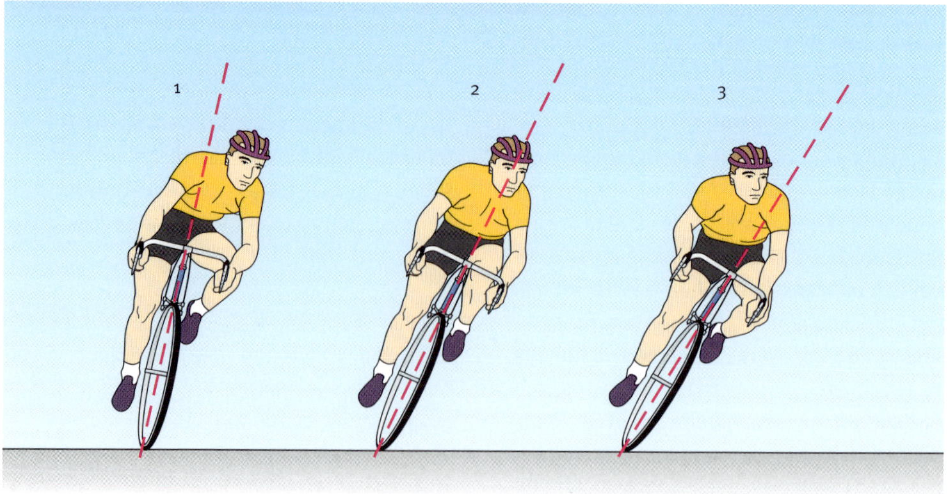

Kurvenfahren: Das kurveninnere Pedal wird hochgestellt, das kurveninnere Knie leicht abgewinkelt.

»Schneiden« soll man eine Kurve aber nur im Radrennen, wenn der Gegenverkehr abgesperrt ist.
In der Kurve sollte nicht gebremst werden, da dadurch die Bodenhaftung vermindert wird. Bremsen soll man jeweils vor der Kurve. Da die Fliehkräfte letztendlich auf die Reifen wirken, soll man diese immer gut auf die Felge aufkleben. Man sollte auch bedenken, dass die Bodenhaftung bei sehr stark aufgepumpten Reifen vermindert ist, ebenso wenn die Fahrbahnfläche durch Regen, Laub, Schotter oder Sand rutschig wird.
Wenn man bei Radrennen in einer Gruppe fährt, sollte man versuchen, vor einer Kurve nach vorne zu fahren, um sich die ideale Fahrlinie selbst aussuchen zu können. Falls dies nicht möglich ist, sollte man zumindest an der inneren Kurvenseite bleiben. An der Außenseite fahrend könnte man nämlich durch einen abrutschenden oder stürzenden Fahrer selbst zu Fall gebracht werden.

Überfahren und Überspringen von Hindernissen

Die Kontrolle über das Rad sollte auch erhalten bleiben, wenn unvermittelt Hindernisse auftauchen, wie zum Beispiel Schlaglöcher, Straßenbahnschienen, große Steine oder Äste, Bordsteine und dergleichen. Man sollte im Training üben, Hindernisse zu überwinden.
Schienen überfährt man schräg, ebenso breite Gräben. Kurze sandige Abschnitte oder weiche Straßenstellen durchfährt man am besten mit einem kurzen energischen Antritt. Bei feuchter oder verschmutzter Fahrbahn in den Kurven muss man bereits vorher abbremsen. Schlaglöcher, schmale Gräben, Steine oder Baumwurzeln überwindet man am besten, wenn man das Vorderrad hochreißt.
Das ruckartige Hochreißen des Lenkers übt man am besten an Bordsteinen. Das Hinterrad hebt man an, wenn man das Körpergewicht nach vorne über den Lenker verlagert und die Pedale mit den Füßen nach oben hochreißt.
Wenn man diese beiden Bewegungen – Hochreißen des Lenkers und des Hinterrades – gleichzeitig durchführt, kann man mit dem Rennrad richtige Sprünge ausführen. Gute Techniker können im Rennen sogar gestürzte Fahrer überspringen.
Grundsätzlich sollte man auf dem Rennrad niemals träumen, sondern immer wachsam sein. Den Verlauf der Straße ständig im Blickfeld, achte man auch immer auf die Beschaffenheit der Straßenoberfläche, um eventuelle Hindernisse rechtzeitig erkennen zu können.

Freihändig fahren

Die Hände vom Lenker zu lösen, aufrecht im Sattel sitzend, die Arme locker neben dem Körper hängen zu lassen – ist eine Erholung während der Fahrt, entlastet die Rückenmuskulatur und schult gleichzeitig das Gleichgewichtsgefühl. Freihändiges Fahren sollte man im Training immer wieder üben, um sein Gefühl für das Fahrverhalten der Rennmaschine zu verbessern. Anfangs muss beim Üben die Straße frei sein. Zunächst übt man nur die Geradeausfahrt, später auch Bögen und Kurven. Ein stabileres Fahrverhalten erreicht man, wenn man bei waagerechter Tretkurbelstellung die Knie an den Rahmen anlegt.
Ein anderer Grund, sich während des Trainings und des Radrennens von Zeit zu Zeit aufzurichten, ist, tiefer durchatmen zu können. Im unteren Bereich des Brustkorbes, mehr noch aber im oberen Bereich, steigt dadurch die Dehnungsfähigkeit. Bei nach oben gestreckten Armen nimmt sie übrigens wieder ab. Daher ist die von Radsportlern eingenommene aufrechte Haltung mit herabhängenden Armen besser, als wenn man die Arme – wie meist bei Atemübungen empfohlen – über den Kopf hochführt. Untersuchungen belegen, dass die Lunge von Radsportlern bei hochgehobenen Armen eine Fassungskraft von durchschnittlich 4,8 l aufweist, während sie bei locker neben dem Körper hängenden Armen auf 5,2 l steigt!

Umschauen während der Fahrt

Im Laufe der Zeit gewinnt der Radsportler ein Gespür für das, was hinter ihm vorgeht. Sowohl im Straßenverkehr wie auch im Radrennen ist das sehr wichtig. Trotzdem wird es häufig notwendig sein, sich durch Zurückschauen von der Richtigkeit seines Gefühls zu überzeugen. Auch beim Linksabbiegen sollte man immer umschauen und sich davon überzeugen, dass das Manöver gefahrlos möglich ist. Das ist viel wichtiger, als sich starrsinnig auf sein Handzeichen zu verlassen. Man sollte sich das Zurückschauen angewöhnen und es immer wieder trainieren, damit es während der Fahrt automatisch geht. Man sollte diese Technik beherrschen, ohne dabei von der Fahrlinie abzuweichen.

Windschattenfahren (Hinterradfahren)

Für den allein fahrenden oder den führenden Radsportler einer Gruppe wächst der Luftwiderstand mit dem Quadrat seiner Geschwindigkeit. Mit seinem Körper und seinem Rennrad schafft er hinter sich einen Raum, in dem ein deutlich geringerer Luftwiderstand besteht. Dieser Raum wird als Windschatten bezeichnet. Ob man es glaubt oder nicht: Der im Windschatten Fahrende spart gegenüber dem Führenden bis zu 40 % und mehr an Leistung. Oder umgekehrt ausgedrückt: Der Führende muss gegenüber dem Feld 60 bis 70 % mehr an Leistung aufbringen! Das sind Zahlen, die zunächst erstaunlich klingen – aber durch wissenschaftliche Versuche belegt sind. Das erklärt, warum relativ leistungsschwache Radrennfahrer oftmals recht gute Erfolge aufweisen können, wenn es ihnen gelingt, bis zum Ziel im Windschatten anderer Fahrer zu bleiben – um dann im Sprint vielleicht sogar zu gewinnen. Reine defensive Hinterradfahrer sind daher verständlicherweise nicht sehr beliebt. Fairerweise wird erwartet, dass man sich in einer Gruppe regelmäßig ablöst. Wenn ein Sprinter-Typ in einer Gruppe mitrollt, ohne Führungsarbeit zu übernehmen, so ist es sogar notwendig, ihn abzuschütteln, da er infolge seiner Sprinterqualitäten am Ziel als Sieger hervorgehen wird – ohne die entsprechende Vorarbeit geleistet zu haben. Meistens haben Sprinter relativ mehr schnelle Muskelfasern und daher entsprechend weniger Ausdauerfasern, sodass es ihnen nicht möglich ist, alleine das hohe Tempo zu fahren, wenn sie den Windschatten nicht als zusätzliche Hilfe haben. Wegen der hohen Leistungsersparnis durch den Windschatten ist es meistens unmöglich, einen Hinterradfahrer in der Ebene bei Windstille – und schon gar nicht bei Gegenwind – abzuschütteln. Der durch dieses Büchlein geschulte Fahrer wird jedoch schon selbst ahnen, wann dies möglich sein wird, nämlich dann, wenn die Bedeutung des Luftwiderstandes abnimmt – also bei Steigungen und auch bei Rückenwind. Auch kann man den Hinterradfahrer schwächen, indem man ihm immer wieder den Windschatten entzieht. Zu diesem Zweck kann man abrupt nach rechts oder links aus der Fahrtrichtung abweichen – also sog. »Wellen« fahren – und so den »Hinterradlutscher« im Wind »stehen lassen«. Das kostet ihn Kraft, die er vielleicht nicht hat.

Die Bedeutung des Windschattens ist so groß, dass sie weitgehend die Taktik während eines Radrennens bestimmt, je nachdem welche Mannschaft welche Ziele verfolgt, welche Fahrer-Typen sich in der Gruppe

Windschattenfahren: In langer Reihe staffelt sich das Feld.

befinden, wie Wind- und Streckenverhältnisse sind.

Bei der **Technik des Hinterradfahrens** ist Folgendes zu beachten: Der am Hinterrad fahrende Fahrer hält einen Abstand von ca. 30 bis 40 cm (Anfänger 50 bis 60 cm) und fährt – das ist sehr wichtig! – etwa 5 bis 15 cm seitlich versetzt zum Vordermann. Nur so hat er genügend Sicht nach vorne. Tempounregelmäßigkeiten des Vordermannes können durch gefahrloses Auffahren ausgeglichen werden, ohne bremsen zu müssen. Ständiges Bremsen und Wiederantreten bedeutet einen zu großen Kraftverlust und verhindert eine gleichmäßige Fahrweise. Das

Hinterradfahren erfordert ständige Aufmerksamkeit. Man darf nicht starr vor sich hinsehen und träumen, sondern muss seinen Blick wachsam wandern lassen, zum Beispiel von der Schaltung des Vordermannes über den Zahnkranz, das Hinterrad, das Tretlager, die Beine und den Rücken. Es lässt sich ruhiger am Hinterrad fahren, wenn der Fixpunkt nicht zu nahe liegt. Mit zunehmender Übung wächst die Sicherheit, sodass sich der Abstand zum Vordermann von selbst verkürzt.

Fahren in der Gruppe

Wegen des Windschattens ist das Fahren in der Gruppe im Radsport viel wichtiger als das Gruppentraining in anderen Sportarten, obwohl selbstverständlich auch im Radsport das Gruppenerlebnis mit Spaß und Freude eine große Rolle spielt. Aber auch Radsportler mit geringerer Leistungsfähigkeit können in der Gruppe ein relativ hohes Tempo mithalten. Die Anordnung der in der Gruppe fahrenden Fahrer wird durch die Windrichtung bestimmt. Radsportler fahren nämlich in der Windrichtung gestaffelt hintereinander, um tatsächlich in den Genuss des Windschattens zu kommen. Der jeweils Führende muss den Luftwiderstand allein überwinden, gleichzeitig aber die Straße und ihren Verlauf recht genau beobachten, da er gewissermaßen die Verantwortung für die hinter ihm fahrenden Radsportler trägt. Hindernisse müssen in einem langen Bogen umfahren und den Hinterradfahrern signalisiert werden.
Nach Ende der Führungsarbeit geht der Führende entgegen der Windrichtung seitlich weg und lässt sich an das Ende der Gruppe

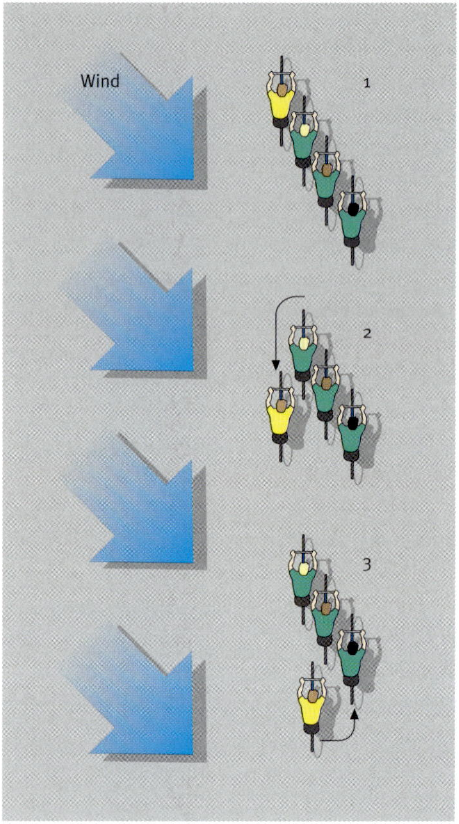

Windstaffel immer in Windrichtung, Ablösung entgegen der Windrichtung

fallen. Da sich manchmal Missverständnisse über die tatsächliche Windrichtung und das davon abhängige seitliche Weggehen ergeben, hat es sich bewährt, dass der Zweite in der Gruppe zum Führenden einen gewissen Sicherheitsabstand lässt. Die Dauer der Führungsarbeit ergibt sich aus der Leistungsfähigkeit des Führenden, den Windverhältnissen und dem gefahrenen Tempo. Je höher das Tempo der Gruppe wird, desto höher wird die Belastung des Führenden – und desto kürzer kann er führen. Durch regelmäßigen Führungswechsel in entsprechend kürzeren Abständen wird das Tempo aufrechterhalten. Der die Führung Übernehmende muss mit gleichem Tempo weiterfahren wie sein bisheriger Vordermann, damit die Gruppe gleichmäßig weiterrollt. Den Übergang vom Windschatten zum vollen Luftwiderstand ohne Tempoverlust gleichmäßig durch Trittgefühl und Trittgeschwindigkeit zu vollziehen, erfordert eine vollkommene Technik der Gruppenarbeit. Ein schwächerer Fahrer sollte zunächst ganz auf die Führungsarbeit verzichten und sich am Ende der Gruppe aufhalten. Immer wenn der bisher Führende sich ans Ende der Gruppe zurückfallen lässt, macht er ihm Platz und bietet ihm eine Lücke, um sich dort einzureihen. So kann man sich langsam an das Tempo und die Gruppenarbeit gewöhnen.

Doppelreihe

Bei einer Doppelreihe fahren jeweils zwei Radsportler nebeneinander. Dabei entstehen zwei nebeneinander fahrende Einzelreihen. Es gelten die gleichen Regeln wie für das Windschattenfahren in einer Einzelreihe. Auf ein Zeichen (Kopfnicken, Heben des kleinen Fingers u. a.) lösen die beiden Führenden nach außen ab, d. h., der auf der rechten Seite fahrende Fahrer lässt sich nach rechts, der auf der linken Seite fahrende nach links an der Außenseite der Gruppe zurückfallen, aber möglichst nicht auf gleicher Höhe, sondern diagonal versetzt, damit für die in der Reihe fahrenden Fahrer kein Engpass entsteht. Trainingsgruppen fahren meistens in der Doppelreihe.

Belgische Reihe oder Kreisel

Nicht alle beherrschen diese Technik. Sie empfiehlt sich besonders bei kleinen Gruppen mit großem Tempo. Eigentlich

Doppelreihe: Ablösung erfolgt nach außen und etwas gegeneinander versetzt.

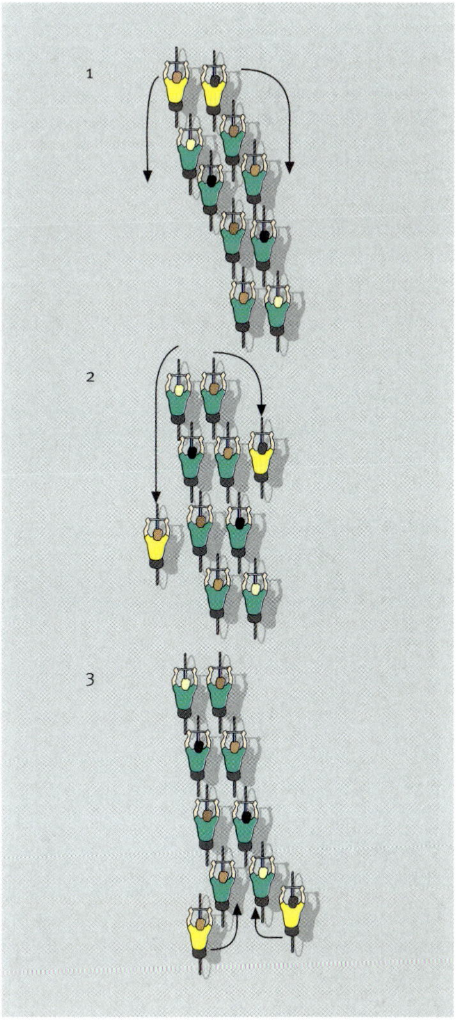

handelt es sich um zwei Einzelreihen, die gegeneinander versetzt im Windschatten nach Art einer Kreisformation fahren. Es gibt nur einen Führenden, der so lange führt, bis er mit seinem Hinterrad am Vorderrad seines ehemaligen Vordermannes vorbeigezogen ist. Dann setzt er sich seitlich neben den Überholten und wird seinerseits wieder überholt. Dies bedeutet, dass jeder Fahrer ständig Windschatten von seinem Vordermann hat, außer wenn er gerade selbst führen muss. Die Reihe, die sich zurückfallen lässt, fährt etwas langsamer als die überholende Reihe. Diese Belgische Reihe (»Belgischer Kreisel«) muss im Training gründlich geübt werden.

Fahren auf der »Windkante«

Bei seitlicher Windrichtung staffelt sich die Gruppe seitlich. Diese seitliche Staffelung hat ihre Grenze in der Straßenbreite (im Rennen) und in der halben Straßenbreite (im Training). Fahrer, die in der seitlich gestaffelten Gruppe keinen Platz mehr finden, »stehen im Wind«. Sie haben eine sehr ungünstige Position im Feld, da ihnen der Windschatten ihres Vordermannes nichts nützt, weil dieser seitlich liegt, sie aber sich nicht mehr seitlich einordnen können, da hier bereits die Straße aufhört. Wenn die Gruppe das Tempo hochhält oder sogar verschärft, werden die auf der »Windkante« fahrenden Fahrer große Mühe haben, das

Belgische Reihe oder Kreisel

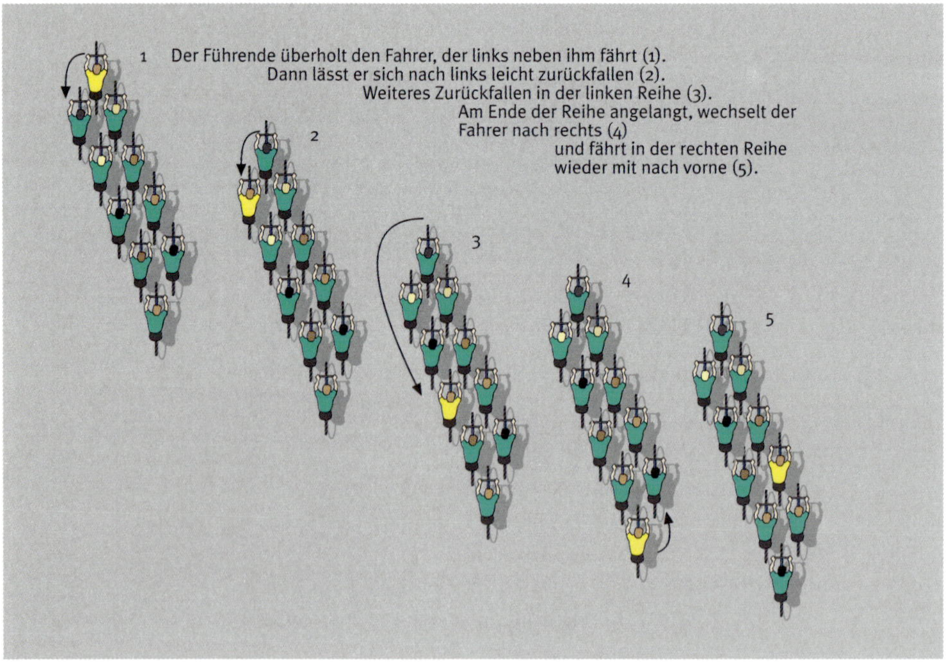

Der Wind kommt von rechts: Die Fahrer staffeln sich nach links, die übrigen Fahrer fahren an der »Windkante«.

Tempo zu halten, da ihnen der Windschatten fehlt. Wenn sie starrsinnig darauf abzielen, das Tempo trotzdem mitzuhalten, werden sie bis zur Erschöpfung fahren – und dann den Anschluss verlieren. Die einzige Rettung liegt darin, eine neue Staffel zu bilden und mit ihr in gemeinsamer Arbeit den Abstand zur führenden Gruppe nicht größer werden zu lassen.

Doppelreihe im Radrennen

Radsporttraining

Wie in allen Sportarten muss man auch im Radsport immer bedenken, in welcher Kategorie man Sport betreibt, d. h., mit welcher Intensität und mit welchem Umfang man trainiert und welche Ziele man verfolgt. Man unterscheidet hier den Breiten- und Gesundheitssport vom Leistungs- und Hochleistungssport. Nicht die Länge der Strecke unterscheidet diese Kategorien, sondern die Intensität, mit der gefahren wird. Überschreitet der Mensch im Hochleistungssport die Grenzen seiner Belastbarkeit, so darf man die dann auftretenden Schäden nicht auf den Breiten- und Gesundheitssport übertragen.

Doch nimmt der Radsport sowieso eine besondere Stellung ein, da hier gesundheitliche Schäden auch im Hochleistungsbereich kaum auftreten. Der Radsport demonstriert uns, wie belastbar der menschliche Körper ist. Belastungen, wie sie zum Beispiel bei der »Tour de France« auftreten, sind im Labor nicht nachzuahmen, da der menschliche Wille nur unter den extremen Bedingungen in »freier Wildbahn« in der Lage ist, diese Leistungen zu vollbringen.

Anpassung des Organismus

Radsportler erreichen die höchsten maximalen Sauerstoffaufnahmewerte pro Kilogramm Körpergewicht, das größte Herzvolumen und

Der volle Antritt im Radrennen erfordert neben einer großen Sauerstoffaufnahmefähigkeit auch eine hohe Kraftausdauer.

den niedrigsten Ruhepuls von allen Sportlern. Neben der höchsten Ausdauerleistungsfähigkeit besitzen Radsportler auch erhebliche Kräfte: Man hat Druckwerte von über 300 kg auf die Pedale gemessen, und das bei einem Körpergewicht von meistens weniger als 78 kg, das Radsportler der Spitzenklasse selten überschreiten. Man kann sagen: Der Radsport formt den menschlichen Organismus im körperlichen und geistigen, aber auch im seelischen Bereich. Er ist somit geeignet, eine harmonische Entwicklung des Menschen zu fördern. Außerdem führt er zu einer biologischen Verjüngung, allein dadurch, dass er die Sauerstoffaufnahmefähigkeit anhebt, sodass diese wieder der in jüngeren Jahren entspricht.

Die Grundlage für alle Radsportdisziplinen sind sehr gute Leistungen im Ausdauerbereich, gepaart mit Kraft und Schnelligkeit. In Straßenrennen ist es oftmals notwendig, bei Tempowechsel, Zwischenspurts, Ausreißversuchen, Bezwingen von Steigungen und dergleichen die Schwelle der maximalen Sauerstoffaufnahmefähigkeit zu überschreiten und eine Sauerstoffschuld (anaerobe Belastungen) einzugehen – und sich von diesen Belastungen schnell wieder zu erholen. Dazu ist auch ein schneller Wechsel der Tretgeschwindigkeit notwendig. Beim Zeitfahren muss man dagegen fähig sein, über die ganze Distanz große Gänge zu fahren und die Leistung an der obersten Grenze der maximalen Sauerstoffaufnahmefähigkeit (aerobe Dauerleistungsfähigkeit) zu halten. Dabei ist die Abstimmung zwischen Ausdauer und Kraft eine Wissenschaft für sich (siehe S. 91ff.).

Entwicklung der Muskulatur

Es ist offensichtlich, dass im Radsport die Muskulatur der Beine und der Hüften von größter Bedeutung ist, da sie die Tretbewegung ausführt. Hier entwickelt sich auch die sportartspezifische Muskelfaserzusammensetzung mit dem höchsten Anteil von Ausdauerfasern.

Doch ist die Muskulatur des übrigen Körpers auf andere Art und Weise genauso wichtig. So braucht man die Atemmuskulatur des Brustkorbes und das Zwerchfell für die Bewegung und Belüftung der Lungen. Die Muskulatur der Arme, der Schultern und des Rückens muss bei ruhiger Fahrweise zunächst eine beträchtliche Haltearbeit verrichten und im Wiegetritt in dynamische Arbeit übergehen. Dabei gewinnt auch die Bauchmuskulatur an Bedeutung.

Die optimale Struktur und das richtige Verhältnis von Bein- und Hüftmuskulatur bilden sich durch richtiges radsportspezifisches Training heraus. Schwachpunkte des Radsportlers sind jedoch erfahrungsgemäß die Muskulatur des Rückens, des Bauches, des Schultergürtels und der Arme. Sie werden durch die relativ kurzen Beanspruchungen bei den Trainingsfahrten zu wenig ausgebildet, sodass die notwendige Kraft bei der stärkeren Beanspruchung im Rennen oft fehlt. Daher ist für die Muskulatur oberhalb des Beckengürtels ein gezieltes Ausgleichs- und Konditionstraining als Vorbereitung auf Wettkämpfe durch ein allgemeinathletisches oder radsportspezifisches Krafttraining zu empfehlen (siehe S. 92 und 105).

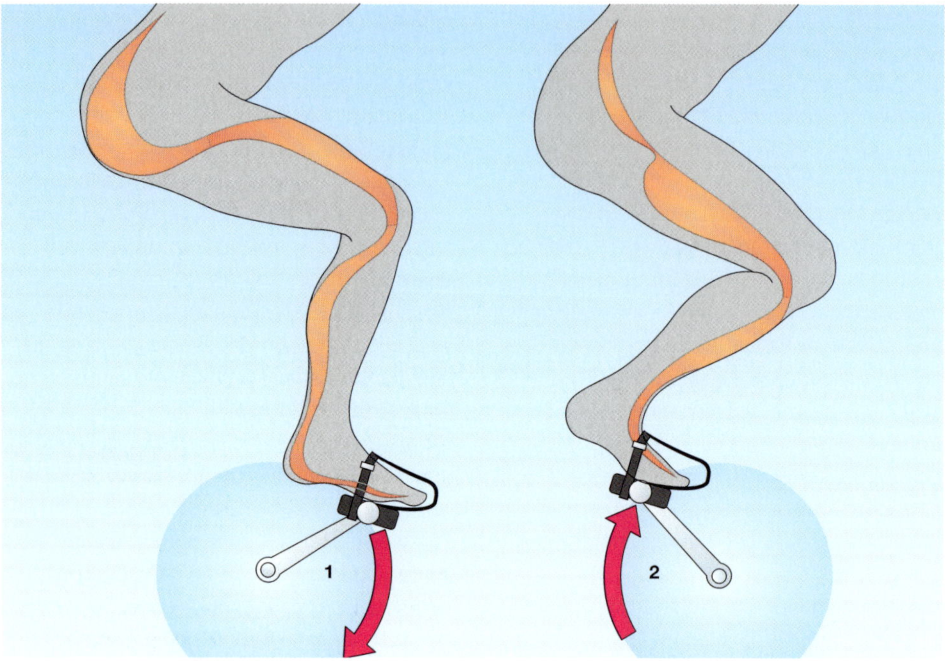

Die dynamischen Beinmuskelschlingen beim Radfahren: Streckschlinge beim Hinabdrücken des Pedals (1), Beugeschlinge beim Hochziehen des Pedals (2). Beanspruchung auf aerobe dynamische Ausdauer

Entwicklung der inneren Organe und des Stoffwechsels

Die Leistungen der Muskulatur werden auf Dauer erst durch sekundäre Anpassung der inneren Organe ermöglicht. Gehirn und Nervensystem müssen die Impulse geben und die Willenskraft entfalten. Verdauungssystem und Stoffwechsel müssen die Energie nachliefern, die in der Muskulatur verbraucht wurde. Atmung und Herz-Kreislauf-System müssen dafür sorgen, dass genügend Blut und Sauerstoff an die arbeitenden Zellen gelangen. Bei ausreichender Intensität vergrößern sich dabei ihre Dimensionen im Sinne eines vergrößerten Sportlerherzens, einer Vergrößerung der Lungenfasskraft und einer Neubildung von kleineren Blutgefäßen in der Muskulatur (Kapillarisierung).

Anpassungsstufen und gesundheitliche Bedeutung

Von den konditionellen Fähigkeiten Kraft, Schnelligkeit und Ausdauer ist für den Radsportler die Ausdauer die wichtigste. Ausdauer bedeutet die Fähigkeit, eine möglichst große Leistung über einen möglichst langen Zeitraum ohne Ermüdung durchhalten zu können. Sie nimmt vom untrainierten zum stark ausdauertrainierten Zustand kontinuierlich zu, braucht aber Zeit und die entsprechende Belastung, um sich entwickeln zu können. Diese Entwicklung geht in zwei Anpassungsstufen vor sich.

Anpassungsstufe 1 (Grundlagenausdauer)

Am Anfang eines Trainings kommt es zunächst zu einer Anpassung des vegetativen Nervensystems, des Kreislaufes und des Energiestoffwechsels in den Muskelzellen. Diese Stufe ist im Breiten- und Gesundheitssport gleichzeitig die Endstufe. Bereits diese Stufe verbessert deutlich die Leistungsfähigkeit und hat außerdem große gesundheitliche Bedeutung. Die Einstellung des vegetativen Nervensystems wird vom Sympathikus auf den Parasympathikus verlagert, den Anteil, der Ruhe- und Regenerationsfähigkeit fördert. Allein dadurch schlägt das Herz in Ruhe langsamer, der Blutdruck in Ruhe und bei Belastung ist niedriger. Durch die längeren Pausen zwischen zwei Herzschlägen wird das Herz besser durchblutet. Das Schlagvolumen des Herzens wird größer, ohne dass das Herz zunächst selbst vergrößert wird. Das bedeutet eine verbesserte Ökonomie der Herzarbeit mit entsprechender Herabsetzung des Sauerstoffverbrauches. Daher kann bei gleich bleibendem Sauerstoffangebot eine größere Leistung erbracht werden. Auch durch die Verbesserung des Bewegungsablaufes beim Radfahren (Koordination) wird Sauerstoff gespart, sodass mit der gleichen Sauerstoffmenge eine größere Leistung vollbracht werden kann. Der Reiz für diese Anpassungserscheinungen geht von der Arbeitsmuskulatur aus, in der die energetischen Prozesse stattfinden, die durch die Ausdauerbelastung in Gang gebracht werden. Das Ausdauertraining ist daher eigentlich ein Stoffwechseltraining. Herz, Kreislauf und Lunge haben die Aufgabe, gewissermaßen als Diener des peripheren Stoffwechsels den Bedürfnissen der Arbeitsmuskulatur zu entsprechen. Durch Verbesserung des Fettstoffwechsels wird eine Gewichtsabnahme erleichtert, erhöhte Blutfettspiegel können sinken, Schutzmechanismen gegen Arterienverkalkung kommen in Gang. Allein diese Stufe kann alle durch Bewegungsarmut entstandenen Krankheiten (Zivilisationskrankheiten) günstig beeinflussen.

Anpassungsstufe 2 (Wettkampfspezifische Ausdauer)

Diese Stufe erfordert ein umfangreicheres und intensiveres Leistungstraining. Erst dann werden die Dimensionen der inneren Organe vergrößert. In Anpassungsstufe 1 werden die Organfunktionen ohne Organvergrößerung verbessert. In Stufe 2 vergrößert sich das Herz, die Lunge und die Leber als größtes Stoffwechselorgan. Auch eine Anpassung von Hormondrüsen ist festzustellen (Nebennierenrinde, Hirnanhangdrüse, Bauchspeicheldrüse, Schilddrüse), weil sie als Stoffwechselregulatoren große Bedeutung haben. In der Arbeitsmuskulatur kommt es zu einer Umwandlung der Muskelfasern in Ausdauerfasern mit dem Ziel, mehr Energie mit mehr Sauerstoff über längere Zeit ohne Ermüdung zu produzieren. Diese Stufe bringt gegenüber Stufe 1 in Bezug auf die gesundheitliche Bedeutung keine weiteren Vorteile, ist aber für den Leistungs- und Hochleistungssportler wegen der hohen Belastungsintensität im Training und Wettkampf von Bedeutung.

Physiologische Kennziffern des Radsportlers

Radsporttraining führt zu ganz spezifischen anatomischen und physiologischen Anpassungen beim Menschen, die bereits im Breiten- und Gesundheitssport von großer gesundheitlicher Bedeutung sind. Die Anpassungen sind umso stärker ausgeprägt, je intensiver und umfangreicher das Radsporttraining wird. Sie nehmen also vom Breiten- und Gesundheitssport über den Leistungs- zum Hochleistungssport zu. Das bezieht sich insbesondere auf die maximale Leistung in Watt, die maximale Sauerstoffaufnahmefähigkeit insgesamt und pro Kilogramm Körpergewicht, auf das Herzvolumen insgesamt und relativ zum Körpergewicht sowie auf das Fassungsvermögen (Vitalkapazität) der Lungen. Die maximale Leistung in Watt kann durch Fahrradergometrie, die Vitalkapazität der Lungen durch Lungenfunktionsprüfung bei fast jedem Arzt getestet werden. Die maximale Sauerstoffaufnahmefähigkeit lässt sich aus der Pulsfrequenz für verschiedene Watt-Belastungen bei der Fahrradergometrie annähernd errechnen. Insbesondere bei einem Lebensalter über 35 Jahren sollte vor Beginn des Trainings eine ärztliche Untersuchung vorgenommen werden. Die von Berufsradrennfahrern erreichten Höchstwerte physiologischer Anpassungen sind in der Tabelle aufgeführt.

Physiologische Kennziffern von Radsportlern

Leistungsbereich	Max. Leistung (Watt)	Max. Sauerstoffaufnahme (l/min)	Max. Sauerstoffaufnahme pro kg (Körpergewicht (ml/kg min)	Herzvolumen absolut (ml)	Herzvolumen pro kg Körpergewicht (ml/kg)	Vitalkapazität der Lungen (l)
Breiten- und Gesundheitssport	200–250	3–3,5	35–55	500–800	8–12	3–4
Leistungssport	300–400	4–4,5	60–70	900–1100	10–14	4–5
Hochleistungssport	400–550	4,5–6,5	70–90	1200–1400	14–19	5–7

Physiologische Höchstwerte bei Berufsradrennfahrern	
maximale Sauerstoff-aufnahme	6,7 l/min
maximale Sauerstoff-aufnahme pro kg Körpergewicht	90 ml/min
maximale Leistung	550 Watt
absolutes Herzvolumen	1400 ml
relatives Herzvolumen	19 ml/kg KG
Vitalkapazität der Lungen	7,2 l
Allgemeine Körperbaumerkmale	
Körpergewicht	70–80 kg
Fettfalten (Rückseite Oberarm und über dem Schulterblatt)	4–6mm

MERKE

Physiologische Leistungsdaten alleine sind keine Garantie für Höchstleistungen. Hohe Leistungsfähigkeit muss durch hohe Leistungsbereitschaft umgesetzt und entfaltet werden. Es gibt immer wieder Radsportler mit weniger guten physiologischen Kennziffern, die besser ausgestattete Konkurrenten durch höhere Willenskraft besiegen. Denn zu einem wirklichen Radsportler gehört die Entfaltung der gesamten Persönlichkeit (siehe auch Tabelle S. 88).

Gezielte Anpassung durch gezieltes Training

»Struktur und Funktion eines Organs werden bestimmt vom Erbgut sowie von der Quantität und Qualität seiner Beanspruchung.« Diese biologische Grundregel besagt, dass die Struktur und Funktion des Organismus durch die von ihm verlangte Beanspruchung geprägt wird. Wenn man gezielte Anpassun-

Kraftentfaltung auf dem Rennrad mit hohem Einsatz auch der Arme, des Oberkörpers und des Rumpfes

gen erreichen möchte, muss man vom Organismus gezielte Belastungen verlangen. Entscheidend dabei ist das richtige Maß: Die Quantität des Trainings bestimmt die Quantität der Trainingswirkungen. Das ist ein Naturgesetz (Quantitätsgesetz). Ein Übermaß an Training (Übertraining) bewirkt nachteilige Veränderungen mit Funktionsstörungen und Leistungsminderung. Auch das Gegenteil, nämlich Trainingsmangel, führt zum Verlust von Anpassungserscheinungen und damit zu Leistungsminderung. Die Qualität des Trainings bestimmt die Qualität der Trainingswirkungen (Qualitätsgesetz). Die Höchstleistung des Radsportlers wird demnach von folgenden drei Faktoren getragen:

- Persönlichkeit (fester Charakter, starker Wille, hohe Motivation, gutes Trainingswissen)
- allgemeine und spezielle Kondition (Ausdauer, Kraft, Schnelligkeit, Technik, Gelenkigkeit)
- Optimierung von Technik und Taktik

Die Persönlichkeit des Radsportlers

Bereits früher wurde betont, dass die Ausbildung der Muskelfaserstruktur ganz entscheidend von den übergeordneten Nervenimpulsen abhängt. Nervenfasern und zugehörige Muskelfasern bilden eine sog. motorische Einheit. Die Nervenimpulse kommen vom Gehirn und Rückenmark des Menschen. Dafür gilt der Satz: »Je größer der Wille – desto größer der Energiefluss.« Die Nervenzentrale des Radsportlers sollte immer gut aufgeladen sein. Dazu gehört neben einer sportgerechten Lebensweise eine gute Motivation. Man muss wissen, *warum* man *was* trainiert. Die Bewusstheit im Training ist als leistungssteigernder Faktor ganz entscheidend. Leistungsfördernd wirkt daher auch ein gutes theoretisches Trainingswissen, das durch dieses Büchlein vermittelt werden soll. Weiter wichtig ist ein fester Charakter und ein starker Wille, der es ermöglicht, mit Beharrlichkeit sich selbst zu überwinden, auch wenn man keine Lust zum Training hat, wenn das Wetter schlecht ist, wenn man müde ist oder Misserfolge erlitten hat. Man muss die eigenen Leistungsgrenzen erkennen und wissen, wann der richtige Trainingseffekt erreicht ist. Man muss sich selbst beobachten und beurteilen können. Der Radsportler muss mit Stress fertig werden und sich konzentrieren können (Hinterradfahren, Straßenverkehr, Bergabfahren mit hoher Geschwindigkeit, Zeitfahren u. a.). Umgekehrt wirken die Trainingsbelastungen (Ausdauer, Kraft, Schnelligkeit, Technik, Gelenkigkeit) auf die Ausbildung der Persönlichkeit zurück. Wenn man sich entschließt, Radrennen zu fahren, muss der Wille zum Sieg vorhanden sein. Im Radrennen muss man die Attacke wagen, muss es einfach versuchen wollen, muss motiviert sein, alles zu riskieren, wenn man siegen will. Nicht nur durch körperliche Leistungsfähigkeit, sondern durch spezielle Persönlichkeitseigenschaften werden Radsportler zu Siegfahrern. Selbst wenn andere in der gleichen Lage ihrer Erschöpfung nachgeben und die Beine »hängen« lassen, ist der Siegfahrer in der Lage, durch Willenskraft noch einige Quentchen Energie zu mobilisieren – die dann zum Sieg reichen. Das ist es, was einen Klasse-Athleten ausmacht.

Das spezielle Training des Radsportlers

Die gute Form im Radsport äußert sich darin, dass man das Gefühl hat, das Rennrad fahre von alleine und man müsse nur noch lenken. Doch bis es so weit ist, muss man jede Einzelfähigkeit einzeln trainieren – nach einem ausgewogenen Trainingsplan. Eine Übersicht soll die Komponenten des Radsporttrainings und ihre Ziele charakterisieren:

Ausdauertraining

Ausdauer bedeutet die Fähigkeit, eine gegebene Leistung über einen langen Zeitraum durchhalten zu können, ohne zu ermüden. Es ist wichtig, Grundlagen-Ausdauer und wettkampfspezifische Ausdauer zu unterscheiden.

Die **Grundlagen-Ausdauer** bildet die Grundlage für die Verträglichkeit intensiver Belastungen. Sie wird mit einem Training geringer bis mittlerer Intensität (zum Beispiel 25 bis 30 km pro Stunde), hoher Tretfrequenz mit geringem Krafteinsatz (Übersetzung zum Beispiel 42/17) und großem Trainingsumfang (je nach Leistungsstand 60 bis über 200 km) ausgebildet. Dadurch werden die gewünschten Ausdauerfasern in der Arbeitsmuskulatur entwickelt. Die Energie wird überwiegend durch den Fettstoffwechsel geliefert. Die Muskulatur bleibt dünn, wird besser durchblutet und mit Sauerstoff versorgt. Alle Anpassungserscheinungen der Stufe I (siehe S. 87) werden erreicht.

Die **wettkampfspezifische Ausdauer** dagegen ist durch eine höhere Intensität (Geschwindigkeit ca. 35 bis über 40 km pro Stunde) mit größeren Gängen (zum Beispiel 53/16), gleich bleibend hoher Tretfrequenz (90 bis 100 Umdrehungen pro Minute) und einem Umfang gekennzeichnet, der in etwa der Wettkampfstrecke entspricht oder über sie hinaus geht. Die Intensität der Belastung geht an die Grenze der maximalen Sauerstoffaufnahmefähigkeit heran. Das bedeutet für den Energiestoffwechsel, dass Kohlenhydrate zunehmend als Energielieferanten (wegen ihres Sauerstoffgehaltes) zur Energiegewinnung herangezogen werden müssen.

Schnelligkeitstraining

Die Aktionsschnelligkeit im Radsport wird durch Sprints mit maximalen Umdrehungszahlen (120 bis 160 Umdrehungen pro Minute) mit kleinen Übersetzungen (zum Beispiel 42/15) trainiert. Dabei werden Strecken von 100 bis 250 m mit maximaler Tretgeschwindigkeit zurückgelegt. 3 bis 5 solcher Sprints bilden eine Serie. Erholungszeit zwischen den Sprints: 3 bis 4 Minuten. Zwischen 2 Serien soll eine vollständige Erholung eintreten. Daher soll die Pause ausreichend lang sein (15 bis 25 Minuten). 2 bis 4 solcher Serien bilden eine Trainingseinheit. Der Krafteinsatz bei der Schnelligkeitsschulung soll nur so groß sein, dass man gerade noch etwas Druck auf die Pedale bringt.

Schnelligkeitsausdauertraining

Dazu wird z. B. eine Strecke von etwa 400 bis 1000 m in gleich bleibend hohem Tempo und mit hoher Tretgeschwindigkeit (110 bis 120 Umdrehungen pro Minute) gefahren. Die Belastungsintensität liegt in der Nahe der maximalen Leistungsfähigkeit.

Kraftausdauertraining

Die Fähigkeit, mit hohem Krafteinsatz lange Zeit ohne Ermüdung treten zu können, zeichnet den fortgeschrittenen Radrennfahrer aus. Kraftausdauertraining wird mit großem Krafteinsatz bei großen Gängen (z. B. 53/16 bis 53/15) und trotzdem hoher Tretfrequenz (95 bis 110 Umdrehungen pro Minute) trainiert. Die Länge der Kraftausdauerserien kann 45 Sekunden bis 2 Minuten (Kurzzeitausdauer) oder 2 Minuten bis 10 Minuten (Mittelzeitausdauer) betragen. Je kürzer die Teilstrecke – desto höher das Tempo und umgekehrt. Dabei entsteht im anaeroben Stoffwechsel Milchsäure, die durch genügend lange Pausen, in denen man mit langsamem Tempo weiterfährt, wieder abgebaut werden muss.

Krafttraining

Ausgesprochenes Krafttraining ist für die Beinmuskulatur des Radsportlers nicht unbedingt notwendig und kann sogar nachteilig sein, wenn durch zu starken Umbau der Muskelfaserstruktur die Ausdauerleistungsfähigkeit ab- und die Dicke der Muskelfasern zu stark zunimmt. Dicke Muskelfasern sind nämlich schwerer mit Nährstoffen und Sauerstoff zu versorgen. Dadurch könnte die Ausdauerleistungsfähigkeit abnehmen. Von Nutzen ist jedoch gezieltes Krafttraining im Sinne eines Ausgleichstrainings für Schwachpunkte der übrigen Körpermuskulatur (Arme und Schultergürtel, Brustmuskulatur, Bauch- und Rückenmuskulatur; siehe auch S. 106). Denn diese Muskulatur hat beträchtliche Haltearbeit während des Tretvorganges und auch dynamische Arbeit zu leisten: zum Beispiel beim Wiegetritt im Bergauffahren, bei Sprints und Ausreißversuchen. Die Kräftigung dieser Muskulatur erfolgt weniger durch das Radfahren selbst, sondern viel Zeit sparender und gezielter durch ein spezielles Krafttraining.

Gelenkigkeitstraining

Das Training der Gelenkigkeit wird oftmals vernachlässigt, weil man deren Bedeutung unterschätzt. Der Radsportler sollte besonders seine Wirbelsäule elastisch und beweglich halten, um Rückenbeschwerden vorzubeugen. Der Sinn eines Gelenkigkeitstrainings besteht darin, Bewegungsreserven zu schaffen. Das erst ermöglicht eine lockere Haltung auf dem Rennrad – und Leistungsreserven im Grenzbereich. Bei zwei gleich starken Radsportlern kann derjenige seine Energiereserven leichter und besser mobilisieren, dem im Bewegungsablauf noch Bewegungsreserven zur Verfügung stehen. Jeder Radsportler sollte es sich zur Gewohnheit machen, jeden Morgen ein entsprechendes Gymnastik- oder Yoga-Programm zur Schulung der Gelenkigkeit durchzuführen (siehe S. 105).

Techniktraining

Durch eine konsequente Schulung der Radsporttechnik (siehe S. 69 ff.) können die durch Training erworbenen konditionellen Fähigkeiten (Ausdauer, Schnelligkeit, Kraft, Gelenkigkeit) mit dem Rennrad erfolgreich in Geschwindigkeit umgesetzt werden. Ziel ist die Entwicklung einer optimalen Bewegungskoordination und Körperbeherrschung bei verschiedenen Situationen im Radsporttraining und -wettkampf, damit Radsportler und Rennrad eine Einheit werden.

Intensitätsbereiche – Bausteine des Trainingsprozesses

Die Zeiten, da man nach der »Hammermethode« bei jedem Training das Gleiche trainierte, sind längst vorbei. Um gezielt zur Höchstform zu gelangen, muss man möglichst intelligent und individuell dem persönlichen Leistungsvermögen angepasst alle motorischen Hauptbeanspruchungsformen (Ausdauer, Kraft, Schnelligkeit sowie auch Technik und Gelenkigkeit) in idealer Weise und im richtigen Verhältnis zueinander zur optimalen Entfaltung bringen. Da Radsport eine Kraftausdauersportart ist, muss man besonders die miteinander konkurrierenden Eigenschaften Ausdauer und Kraft miteinander in Einklang bringen.

Maximale Sauerstoffaufnahmefähigkeit

Das Bruttokriterium der maximalen Ausdauerleistungsfähigkeit ist die maximale Sauerstoffaufnahmefähigkeit (VO_2max) pro Minute, die vom Lebensalter und vom Ausdauertrainingszustand abhängt (siehe Abb. S. 94). Ab dem 20. Lebensjahr nimmt die maximale Sauerstoffaufnahmefähigkeit pro Lebensjahr etwa um ein Prozent ab, sodass ein 70-Jähriger nur noch die Hälfte der maximalen Sauerstoffaufnahmefähigkeit von der eines 20-Jährigen hat. Dementsprechend nimmt auch die maximale Ausdauerleistungsfähigkeit in dieser Zeitspanne um die Hälfte ab, d.h., das Tempo (die Intensität), mit der man über längere Strecken unterwegs sein kann, sinkt um den gleichen Prozentsatz ab. Das gilt aber nur, wenn man sich diesem Alterungsprozess ohne körperliche Aktivität ausliefert.

Wie sportmedizinische Untersuchungen ergeben haben, kann man in jedem Lebensalter durch richtiges Ausdauertraining seine maximale Sauerstoffaufnahmefähigkeit wieder verbessern, manchmal sogar verdoppeln. Das würde bedeuten: Ein 70-Jähriger, der die Hälfte seiner Sauerstoffaufnahmefähigkeit eingebüßt hat, könnte also durch richtig dosiertes Ausdauertraining wieder jene maximale Sauerstoffaufnahmefähigkeit erreichen, wie sie ein untrainierter 20-Jähriger hat. Allein diese Möglichkeit sollte Sie veranlassen, sofort mit dem Radsport zu beginnen.

Formen der Energiebereitstellung

Die Energie, die man für Bewegung und Sport braucht, kann sowohl mit Sauerstoff (aerob) als auch ohne Sauerstoff (anaerob) freigesetzt werden, wobei die Energiefreisetzung mit Sauerstoff (aerobe Energiegewinnung) die weitaus ökonomischere ist. Wenn man jedoch die Intensität der Belastung bis in die Nähe der maximalen Sauerstoffaufnahmefähigkeit erhöht, gelangt der Organismus in Sauerstoffmangel und kann den Prozess der Energiegewinnung nicht mehr mit Sauerstoff bis zu den Endprodukten Kohlendioxid und Wasser durchführen, sondern erzeugt Milchsäure (Laktat), die sich im Organismus anhäuft, bis wieder genügend Sauerstoff zur Verfügung steht, um diese angehäufte Milchsäure wieder abzubauen.

Laktatleistungskurve und Trainingsbereiche

Wenn man in einem Stufentest auf dem Fahrradergometer die Belastung Stufe für

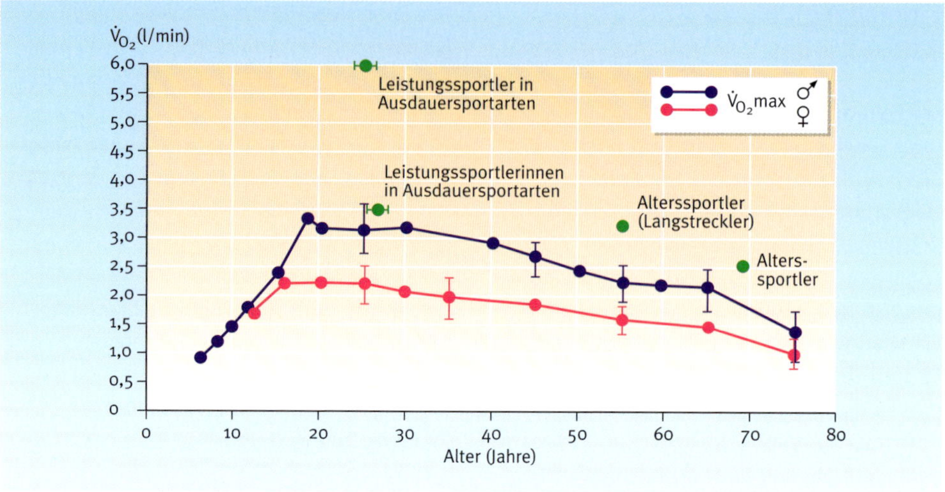

Maximale Sauerstoffaufnahmefähigkeit (VO2max) im Laufe des Lebens (nach W. Hollmann)

Stufe steigert und dadurch die Intensität der Belastung systematisch erhöht, kann man genau feststellen, bei welcher Belastungsstufe die Energiegewinnung mit Sauerstoff (aerobe Energiegewinnung) in die ohne Sauerstoff (anaerobe Energiegewinnung) übergeht. Bei einem stufenförmig durchgeführten Leistungstest auf dem Fahrradergometer kann man durch Messung des Milchsäurewertes im Blut (Laktatmessung) eine so genannte Laktatleistungskurve aufstellen (siehe Abb. S. 95).

In der Sportmedizin gab und gibt es immer wieder neue »Schwellenkonzepte«, die die Laktatleistungskurve nach den durch neuere Erfahrungen gewonnenen Erkenntnissen neu interpretieren und aufgrund dieser Erkenntnisse die Trainingsbereiche neu festlegen. Die Schwierigkeit besteht dann darin, die daraus entstehende sportmedizinische Namensgebung der Trainingsbereiche mit den Trainingsbereichen in Einklang zu bringen, die in der Trainingslehre (noch) üblich sind. Die moderne Sportmedizin unterscheidet folgende markante Punkte auf der Laktatleistungskurve, nach denen die Intensitätsbereiche festgelegt werden (siehe Abb. S. 95):

- Der Punkt, an dem der Anstieg des Laktats beginnt, wird »Lactate Threshold (LT)« genannt.
- Der Punkt, an dem die Laktatleistungskurve stärker ansteigt, also der Stoffwechsel beginnt anaerob zu werden, wird als »Individuelle Anaerobe Schwelle (IAS)« bezeichnet. Mit zunehmender aerober (Ausdauer-)Leistungsfähigkeit verschiebt sich die »Individuelle Anaerobe Schwelle (IAS)« nach rechts, das heißt, der Laktatanstieg erfolgt erst bei höherer Belastungsintensität – oder einfacher ausgedrückt: Mit zunehmendem

Trainingszustand wird man erst bei höherer Belastung »sauer«. Wie aus der Abbildung unten ersichtlich, kann man nach diesen Messwerten folgende Trainingsbereiche unterscheiden:

Regeneratives Training (RT) oder Training im Kompensationsbereich (KB)

Das ist der Trainingsbereich mit der niedrigsten Intensität. Dieser Bereich dient vor allem der aktiven Erholung und Regeneration nach intensiven und hochintensiven Trainingsbelastungen oder Wettkämpfen. Der Stoffwechsel arbeitet rein aerob im Sauerstoffüberschuss. Bei diesem Tempo ist die Atmung ruhig. Man kann sich dabei gut unterhalten und mehrere Sätze im Zusammenhang sprechen. Man fühlt sich frei und locker, genießt die sauerstoffreiche Luft, die Landschaft und den lockeren, runden Tritt. Die Herzfrequenz liegt bei etwa 160 minus Lebensalter.

Grundlagenausdauerbereich (GA)

Dieser Intensitätsbereich dient dazu, Grundlagenausdauer, Sauerstoffaufnahmefähigkeit und Fettstoffwechsel zu trainieren. Das

Laktatleistungskurve mit Intensitätsbereichen (nach PD Dr. K. Röcker, Medizinische Universitätsklinik Freiburg, Abteilung Rehabilitative und Präventive Sportmedizin) erstellt mit der Software »Ergonizer®« (www.ergonizer.de)

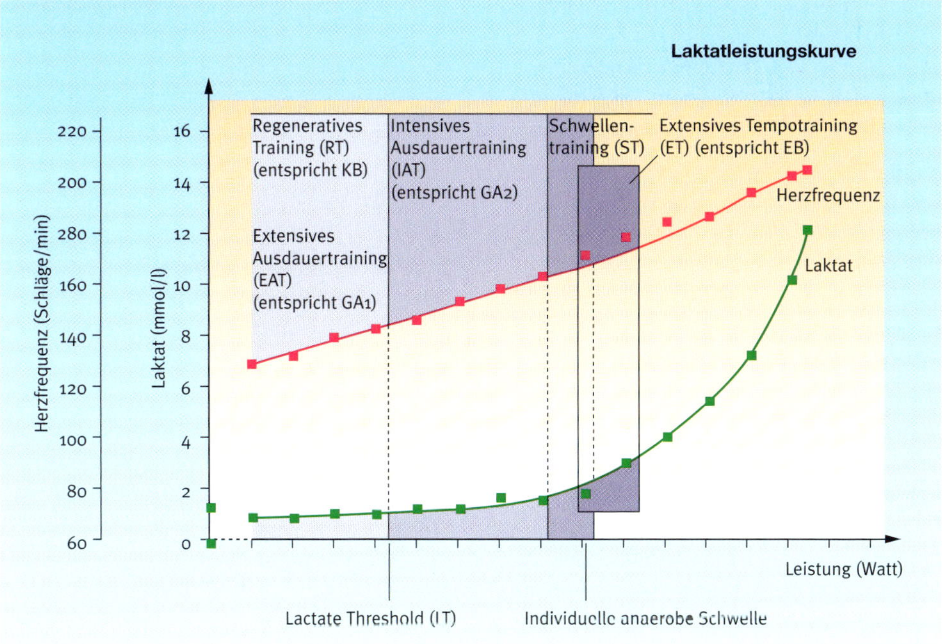

Wort »Grundlagenausdauer« weist schon darauf hin, dass in diesem Intensitätsbereich die Grundlage für die gesamte Ausdauer gelegt wird. Innerhalb dieses Intensitätsbereiches unterscheidet man ein Grundlagenausdauertraining mit geringer (GA1) und höherer Intensität (GA2).

Extensives Ausdauertraining (EAT) oder Grundlagenausdauer (GA1)

Dieser Intensitätsbereich ist durch eine geringe bis mittlere Intensität gekennzeichnet. Man fährt noch gut im sauerstoffreichen Bereich, wobei (wenn man in diesem Intensitätsbereich längere Strecken zurücklegt) besonders der Fettstoffwechsel trainiert wird. Im Gegensatz zum intensiven Grundlagenausdauertraining (GA2) wird das Training im GA1-Bereich auch extensives Ausdauertraining genannt.

Man kann auch in dieser Intensitätsstufe ohne Atemnot längere Sätze sprechen. Man fährt locker und leicht, trainiert den Bewegungsablauf, den lockeren und runden Tritt und fährt kleine Gänge (z. B. 42/17) mit hoher Tretfrequenz. Die Herzfrequenz liegt bei etwa 170 minus Lebensalter.

Intensives Ausdauertraining (IAT) oder Grundlagenausdauer (GA2)

Die Belastungsintensität ist höher und nähert sich der individuellen anaeroben Schwelle (IAS). Auch in diesem Intensitätsbereich wird noch der Fettstoffwechsel trainiert, aber die Energiegewinnung aus Kohlenhydraten nimmt zu, je mehr sich die Intensität der individuellen anaeroben Schwelle nähert. Die Atmung ist bei dieser Belastungsstufe beschleunigt, sodass man nur noch kurze Sätze ohne Atemnot sprechen kann. Neben der Entwicklung des Fett- und Kohlenhydratstoffwechsels sowie der maximalen Sauerstoffaufnahmefähigkeit dient diese Intensitätsstufe auch der Willensschulung und der Ausbildung einer gewissen Tempohärte. Die Herzfrequenz liegt bei etwa 180 bis 200 minus Lebensalter.

Schwellentraining

Die Belastungsintensität liegt im Bereich der individuellen anaeroben Schwelle, also in dem Bereich, ab dem mit weiter zunehmender Belastungsintensität die Milchsäure (Laktat) steiler ansteigt. Die Energie wird vorwiegend aus dem Kohlenhydratstoffwechsel gewonnen, da der Organismus in die Nähe seiner maximalen Sauerstoffaufnahmefähigkeit gelangt und gezwungen ist, Nährstoffe zu bevorzugen, die Sauerstoff mitbringen – und das sind die Kohlenhydrate. Die Atmung ist deutlich beschleunigt, die Pulsfrequenz meistens zwischen 160 und 180 Schlägen pro Minute, je nach Trainingszustand und Lebensalter.

Extensives Tempotraining (ET) oder Entwicklungsbereich (EB)

Die Belastungsintensität liegt im Bereich der individuellen anaeroben Schwelle und etwas darüber. In diesem Bereich trainiert man vor allem die wettkampfspezifische Ausdauer mit größeren Gängen und hoher Tretfrequenz, wobei die maximale Sauerstoffaufnahmefähigkeit voll ausgeschöpft und teilweise sogar überschritten wird. Die Atmung ist deutlich beschleunigt. Man kann nur noch einzelne Worte sprechen. Bei gutem Trainingszustand kann diese Intensität über längere Zeiten eingehalten werden. Die Intensität dieser Belastungsstufe ist aber bereits so hoch, dass sie für den Gesundheits- und Breitensportler nicht mehr in Frage kommt. Der Leistungs- und Hochleistungssportler trainiert mit dieser Belastungsstufe vor allem Wettkampfhärte und Kraftausdauer.

Intensives Tempotraining (IT) oder Spitzenbereich (SB)

In dieser höchsten Intensitätsstufe steigen Laktatwerte und Herzfrequenz steil an. Sie dient vor allem dazu, Schnelligkeit und Schnelligkeitsausdauer zu entwickeln. Außerdem wird der anaerobe Stoffwechsel trainiert sowie die Fähigkeit, hohe Laktatwerte zu ertragen (Laktattoleranz). Diese Intensitätsstufe ist nur für austrainierte Leistungs- und Hochleistungssportler in gutem Trainingszustand zuträglich und sollte von Breiten- und Gesundheitssportlern nicht angestrebt werden. Aber auch Leistungs- und Hochleistungssportler sollten diese Intensitätsstufe nicht zu oft einsetzen, weil die dabei auftretenden hohen Laktatwerte auf Dauer die Mitochondrien (die Kraftwerke der Zellen) schädigen können.

Maximal- und Schnellkraftbereich (K1, K2)

In diesem Bereich wird kurze und explosive Schnellkraft und Maximalkraft trainiert, meist mit Standardprogrammen, entweder mit dem Rennrad (K1) oder auf dem Fahrradergometer (K2). Trainingsziel ist es, die Voraussetzungen zu entwickeln, Übersetzungen mit hoher Tretfrequenz bewegen zu können. Außerdem dient dieser Bereich der Entwicklung der Fähigkeit zu einem raschen Tempo- und Rhythmuswechsel vor allem beim Bergfahren. Die Intensitätsstufe entspricht dem Spitzenbereich (SB).

Kraftausdauerbereich (K3, K4)

Im Kraftausdauerbereich werden die Voraussetzungen geschaffen, um über längere Zeiträume hohe Tretfrequenzen mit hohen Übersetzungen durchhalten zu können, wie es beispielsweise beim Bergfahren, Zeitfahren und in entscheidenden Situationen im Radrennen notwendig ist. Auch für diesen Bereich gibt es Standardprogramme für das Training auf dem Fahrradergometer (K3) oder dem Rennrad (K4). Die Intensitätsstufen für diesen Kraftausdauerbereich entsprechen dem Entwicklungs- und Spitzenbereich.

Trainingssteuerung durch die Herzfrequenz

Laktatmessungen dienen dazu, sich die Zusammenhänge zwischen Belastungsstufen, Sauerstoffaufnahmefähigkeit und Stoffwechsel klar zu machen und um die einzelnen Belastungsintensitäten zu definieren. Praktikabel werden diese Messungen aber erst, wenn man sie auf den Trainingsalltag übertragen kann. Das geht nur, wenn man einigermaßen zuverlässige Beziehungen zwischen Belastungsstufen und im Training messbaren Parametern herstellen kann, wie das z. B. bei der Herzfrequenz der Fall ist. Auch wenn es problematisch ist, die Herzfrequenz mit bestimmten Laktatwerten in Zusammenhang zu bringen, so ist die Herzfrequenzmessung doch eine gute Mög-

lichkeit, die eigenen Trainingsbelastungen zu steuern. Man muss allerdings lernen, die Herzfrequenz mit den Belastungsstufen in Einklang zu bringen. Das geht am besten, wenn man zusätzlich zur Herzfrequenz auch das subjektive Belastungsgefühl und die Atmung bei der Trainingssteuerung mit berücksichtigt.
Mithilfe von Pulsuhren ist die Messung der Herzfrequenz sehr einfach. Man braucht nur einen Brustgurt, in den unsichtbare Elektroden eingearbeitet sind, die über einen Sender die Herzfrequenz drahtlos an eine Pulsuhr übertragen (siehe auch S. 37). Zur Trainingssteuerung braucht man individuelle Richtwerte für die Herzfrequenz in den verschiedenen Intensitätsbereichen. Entweder erhält man diese Richtwerte durch einen Belastungstest, oder man benutzt Richtwerte, die an das Lebensalter angepasst sind (siehe Tabelle S. 98). Entscheidend ist, dass man diese Richtwerte nicht als absoluten Maßstab nimmt, sondern ihre Wertigkeit in den Trainingsprozess integriert.
Wichtig ist auch, dass man mit zunehmendem Lebensalter so klug wird, hohe Intensitätsbereiche zu meiden; denn man wird sich wundern, wie schnell Herzfrequenzbereiche von über 160 Schlägen pro Minute erreicht sind. Auch ist es wichtig zu wissen, dass bestimmte Medikamente (z. B. Betablocker) die Herzfrequenz beeinflussen, sodass man sich nicht an starre Tabellen halten kann, sondern gegebenenfalls den Hausarzt befragen muss.
Richtig benutzt kann also die Herzfrequenzmessung nicht nur der Trainingssteuerung dienen, sondern auch der Erhaltung der Gesundheit.

Ausdauer-Trainingsmethoden

Durch das Ausdauertraining soll mit verschiedenen Methoden sowohl die Grundlagenausdauer wie auch die wettkampfspezifische Ausdauer optimal entwickelt werden. Zur wettkampfspezifischen Ausdauer gehört auch das Training der Kraftausdauer und der Schnelligkeit. Eine hohe Grundlagenausdauer ist die Basis für alle Trainingsformen. Daher muss der größte Teil der Trainingsarbeit der Entwicklung dieser Form der Ausdauer mit Entfaltung einer möglichst großen Sauerstoffaufnahmefähigkeit (aerobe Kapazität) und einer optimalen Entwicklung des Fettstoffwechsels gewidmet sein.

Dauerleistungsmethode

Gerade durch neuere Untersuchungen hat sich die Überlegenheit kontinuierlicher Belastungen im geringen bis mittleren Intensitätsbereich erneut bestätigt. Sie schult die Grundlagenausdauer, den Bewegungsablauf, die psychische Gewöhnung an eine in gleichmäßigem Tempo zurückgelegte längere Strecke und bedeutet ein gezieltes Stoffwechseltraining insbesondere für den Fettstoffwechsel und die Sauerstoffaufnahme. Die Belastungsdauer soll nicht kürzer als 30 Minuten sein, besser aber bei 1 bis 2 Stunden liegen. Gute Radsportler trainieren mit der Dauerleistungsmethode mehrere Stunden. Dabei werden kleine bis mittlere Übersetzungen mit hoher Tretgeschwindigkeit gefahren. Bei bergigem Gelände ist auch ein leichter Tempowechsel angezeigt oder wechselnde Belastungen im Sinne des sog. Fahrtspieles in den Intensitätsbereichen GA1 bis GA2. Auch zur aktiven Erholung (Regenera-

Zusammenhang zwischen Intensitätsstufen, Lebensalter und Herzfrequenz							
Alter	**Formel**	**20 J.**	**30 J.**	**40 J.**	**50 J.**	**60 J.**	**70 J.**
Maximale Herzfrequenz	220–240 -LA	200–220	190–210	180–200	170–190	160–180	150–170
Trainingsbereiche							
KB: Sehr geringe Intensität 40–50 % der max. Leistung	ca. 160 -LA	120–140	110–130	100–120	90–110	80–100	80–90
GA1: Geringe Intensität 50–70 % der max. Leistung	ca. 170 -LA	140–150	130–140	120–130	110–120	100–110	90–100
GA2: Mittlere Intensität 70–80 % der max. Leistung	ca. 180 -LA	150–160	140–150	130–140	120–130	110–120	100–110
EB: Hohe Intensität 80–90 % der max. Leistung	ca. 200 -LA	170–180	150–170	140–160	*	*	*
SB: Maximale Intensität → 90 % der max. Leistung	ca. 220 -LA	190–200	170–200	*	*	*	*

*) Diese Belastungsintensitäten sind in diesem Lebensalter nicht zu empfehlen.
LA = Lebensalter; KB = Kompensationsbereich; GA1 = Grundlagenausdauer mit niedriger Intensität (extensives Grundlagenausdauertraining); GA2 = Grundlagenausdauer mit höherer Intensität (intensives Grundlagenausdauertraining); EB = Entwicklungsbereich; SB = Spitzenbereich

tion) ist die Dauermethode bestens geeignet. Sie ist die Haupttrainingsmethode für den Gesundheits- und Breitensport sowie auch für den Leistungs- und Hochleistungssport in der Vorbereitungsperiode.

Intervallmethode

Intervalltraining ist charakterisiert durch einen rhythmischen Wechsel zwischen großer und geringer Beanspruchung, wobei die Pausen zwischen zwei Belastungen nicht

Ausdauer-Trainingsmethoden		
Trainingsmethoden	**Trainingsinhalte**	**Intensitätsbereiche**
Dauerleistungsmethode	gleichmäßiges Tempo über lange Strecken	KB, GA1–GA2
Fahrtspiel	leichter Tempowechsel oder Fahrtspiel je nach Gelände	GA1–GA2
Intervallmethode	Langzeitintervalle (über 10 Minuten)	EB
	Mittelzeitintervalle (2 bis 10 Minuten)	EB, SB
	Kurzzeitintervalle (45 Sekunden bis 2 Minuten)	SB
Wiederholungsmethode	Tempofahrten mit Wettkampfgeschwindigkeit oder schneller	SB
Wettkampfmethode	Wettkämpfe	EB, SB

zur vollen Erholung ausreichen. Die erneute Belastung trifft also stets auf einen von der vorangegangenen Belastung noch nicht voll erholten Organismus. Die Pulsfrequenz sinkt in den Belastungspausen meist nicht unter 130 Schläge pro Minute. Dann erfolgt bereits die erneute Intervallbelastung. Bei Kurzzeitintervallen dauert die Belastung etwa 45 Sekunden bis 2 Minuten, bei Mittelzeitintervallen etwa 2 bis 10 Minuten, bei Langzeitintervallen über 10 Minuten. Je kürzer die Belastungsdauer – desto größer die Belastungsintensität. Durch die Langzeitintervallmethode kann man die wettkampfspezifische Ausdauer steigern, durch die Kurzzeitintervallmethode vor allem die Schnelligkeitsdauer. Die verschiedenen Intervallmethoden führen auch zu einer schnelleren Herzvergrößerung, da in den Pausen eine vermehrte Füllung des Herzens erfolgt, die einen Dehnungsreiz für das Herz darstellt. Intervalltraining erfordert eine verlängerte Regenerationszeit, meist über 72 Stunden. Daher sollte Intervalltraining nicht öfter als zweimal in der Woche und auch nur in der Wettkampfperiode durchgeführt werden. Gut trainierte Radsportler setzen das Intervalltraining auch ein, um nach Trainingspausen schnell wieder in Form zu kommen.

Wiederholungsmethode

Mit einer Geschwindigkeit, die in der Nähe der Wettkampfgeschwindigkeit oder darüber liegt, werden mittlere und kurze Strecken mit festgelegten Pausen von mehreren Minuten gefahren. Dabei sollen die Pausen so lang sein, dass man sich vollkommen erholt. Übersetzung und Tretfrequenz entsprechen den Verhältnissen im Wettkampf. Mit dieser

Trainingsmethode kann man vor allem Schnelligkeit, Kraftausdauer und Schnelligkeitsausdauer schulen. Intensität im Spitzenbereich (SB).

Wettkampfmethode

Durch Teilnahme an Wettkämpfen wird der letzte Schliff erreicht. Man muss erst einige Aufbauwettkämpfe absolvieren, um auf den Leistungshöhepunkt zuzusteuern. Die Analyse der Wettkampfergebnisse zeigt Leistungsschwächen und gibt Hinweise für das zukünftige weitere Training.

Trainingseinheit: Aufbau und Planung

Die kleinste Planungseinheit innerhalb des Trainingsprozesses ist die einzelne Trainingseinheit. Die Summe der einzelnen Trainingseinheiten bestimmt die Qualität des gesamten Trainings. Bewusstheit erhöht den Trainingseffekt. Daher sollte man niemals gedankenlos trainieren, sondern sich vor jeder Trainingseinheit der Aufgabe bewusst sein, die es zu lösen gilt. Jede Trainingseinheit sollte aus drei Teilen bestehen: Vorbereitung, Hauptteil und Ausklang.

Vorbereitung

Sie dient dazu, eine optimale geistige und körperliche Verfassung für die eigentliche Trainingsaufgabe herzustellen. Man fährt etwa 15 bis 30 Minuten locker mit kleinen Gängen im Intensitätsbereich I bis II. Dabei lockert man bewusst die Gelenke. Der Blutkreislauf kommt in Schwung, die kleinen Blutgefäße (Kapillaren) öffnen sich, die Durchblutung wird verbessert, die Körpertemperatur steigt etwas an. Die Elastizität der Muskeln wird erhöht. Der optimale Bewegungsablauf des Pedalierens spielt sich ein. Die Trainingsbereitschaft wird gefördert. Der Radsportler macht sich in dieser Phase bewusst, welches Ziel er im Hauptteil der Trainingseinheit verfolgt. Dadurch wird die Trainingsbereitschaft erhöht. Das verbessert den gesamten Trainingseffekt.

Hauptteil

Der Trainingsinhalt richtet sich nach dem Trainingsplan (siehe weiter unten). Neben den konditionellen Fähigkeiten sollen Technik und Taktik verbessert werden. Trainingsaufgaben, die geistige Frische und Konzentration erfordern (Schnelligkeit, Sprints, Intervalle u. a.), sollen in der ersten Hälfte des Hauptteiles der Trainingseinheit eingeplant werden. In der zweiten Hälfte werden die Ausdauerübungen abgeleistet. Die Lösung mehrerer Aufgaben innerhalb einer Trainingseinheit macht das Training interessanter, lässt Ermüdung später eintreten und ermöglicht so einen größeren Umfang der Gesamtbelastung. Jedoch sollte jede Trainingseinheit einen bestimmten Schwerpunkt haben. Er ergibt sich aus dem langfristigen Trainingsplan.

Ausklang

Auch dieser Teil ist wichtig, da jetzt bereits die Regeneration im Sinne einer aktiven Erholung beginnt. Die Muskeln werden wieder gelockert, die nervliche Belastung wird vermindert. Herz-Kreislauf-System und Stoffwechsel sollten sich wieder den Ruhebedingungen nähern. Überschüssige Milchsäure wird durch mittelgradige aktive Bewegung besser abgebaut als in vollständiger Ruhe. Man fährt mit kleinen bis mittleren Gängen in lockerem Tritt, kann sich aufrichten und freihändig fahrend tief atmen und die Muskulatur des Rückens lockern. Man freut sich, die Trainingsaufgabe gelöst zu haben und genießt das Fahren mit verminderter Geschwindigkeit.

Langfristige Leistungsentwicklung

Die Natur arbeitet langsam. Nur ein Trainingszustand, der nach dem Prinzip der Allmählichkeit systematisch und langfristig aufgebaut wurde, ist dauerhaft und stabil. Das Training soll regelmäßig, ganzjährig und mehrjährig sein. In der Entwicklung eines Radrennfahrers unterscheidet man folgende Perioden:

- Etappe der Vorbereitung (Alter 12 bis 15 Jahre)
- Etappe des Aufbaus (Alter 16 bis 18 Jahre)
- Etappe der Spezialisierung (ab 19 Jahre)
- Zone der ersten internationalen Erfolge (19 bis 21 Jahre)
- Zone der optimalen Leistung (22 bis 26 Jahre) und
- Stabilisierung der Höchstleistung (27 bis 30 Jahre)

Es ist also ein Entwicklungsprozess von 10 bis 12 Jahren einzuplanen. Wer in späteren Jahren mit dem Radsport beginnt, sollte die Geduld haben, seine Leistung konsequent in etwa 3 bis 5 Jahren aufzubauen. Zu große Ungeduld, die dazu verleitet, zu früh mit zu hoher Intensität zu trainieren, wirft einen in der Leistungsentwicklung zurück. Auch unregelmäßiges Training mit größeren Trainingspausen vermindert den Trainingszustand beträchtlich. Es muss dann immer wieder viel Zeit für die Wiederherstellung der verlorenen Anpassung aufgewendet werden. Da nur ein kontinuierliches ganzjähriges Training die Bestform aufbaut und erhält, muss man bei schlechter Witterung und im Winter zusätzliche Trainingsmittel einsetzen (siehe S. 105).

Trainingsplan

Nur der Mittelmäßige kann ständig in Hochform sein! Wer mehr will, muss planmäßig auf den Höhepunkt seiner sportlichen Form hinarbeiten, denn der Trainingsprozess verläuft in folgenden Phasen:

- Phase der Aneignung der sportlichen Leistungsfähigkeit
- Phase der relativen Stabilisierung (Festigung)
- Phase des zeitweiligen Verlustes der sportlichen Form

Deswegen sollte man nicht gleichförmig immer mit der gleichen Trainingsbelastung trainieren, sondern die Trainingsbelastungen planen und immer wieder an das aktuelle Leistungsniveau anpassen. Um eine sinnvolle Anpassung zu erreichen, unterscheidet man große, mittlere und kleine Zyklen:

- Makrozyklen:

Halbjahres- oder Jahreszyklen, auch Mehrjahreszyklen

- Mesozyklen:
Zyklen von 3 bis 6 Wochen (Etappen)
- Mikrozyklen:
Zyklen von etwa einer Woche oder weniger

Ein Makrozyklus (Periodenzyklus) umfasst meist die Trainingsplanung eines Jahres. Er ist gekennzeichnet durch eine periodische Veränderung der Trainingsaufgaben, des Belastungsumfanges und der Belastungsintensität. Je nachdem, ob der Trainingsplan auf einen oder mehrere Leistungshöhepunkte ausgerichtet ist, spricht man von einer einfachen oder mehrfachen Periodisierung. Ein solcher Periodenzyklus über ein Jahr wird eingeteilt in:

- Vorbereitungsperiode
- Wettkampfperiode
- Übergangsperiode

Innerhalb dieser Perioden unterscheidet man verschiedene Etappen mit anschließender Festigung der Leistungsfähigkeit.

Vorbereitungsperiode

Die konditionelle Grundlage für die Wettkampfperiode wird geschaffen. Trainingsziele und Trainingsmittel werden durch die Witterungsverhältnisse vorgegeben. Man unterteilt diese Periode in zwei Etappen.

1. Etappe (November, Dezember)

Sie umfasst das Wintertraining. Trainingsziel ist die Verbesserung der allgemeinen Kondition, der Grundlagenausdauer und der Technik des Pedalierens. Das Training ist gekennzeichnet durch eine geringe Intensität. Man fährt mit kleinen Gängen oder Starrlaufnabe (Übersetzung 64 bis 68 Zoll, z. B. 42/18 oder 42/17) etwa 1 bis 2 Stunden. Dieses radsportspezifische Training führt man etwa ein- bis dreimal pro Woche durch. Mindestens genauso viele Trainingseinheiten sollte man dem allgemein-athletischen Training widmen, um die allgemeine Kondition zu stärken: Waldlauf, Skilanglauf, Skigymnastik, Krafttraining, Circuittraining, Schwimmen, Sportspiele u. a. Falls die Witterungsverhältnisse ein Training mit dem Rennrad nicht zulassen, kann man diese Trainingseinheiten durch ein Training auf dem Hometrainer (Ergometer) entsprechend ersetzen.

Ergometertraining

Das Trainingsergometer sollte stabil sein, ein großes Schwungrad besitzen und die gleiche Sitzposition wie auf dem Rennrad zulassen. Weiter wichtig ist ein Pedaltoureninstrument, das die Pedalumdrehungszahl pro Minute anzeigt. Zudem empfiehlt sich ein Pulsfrequenzmesser zur Festlegung der Trainingsintensität. Als weiteres Zubehör hat sich bewährt: ein Spiegel zur Beobachtung des Fahrstiles, ein Ventilator zur besseren Luftbewegung und eine Zeituhr, um einen exakten Trainingsplan einhalten zu können. Durch Variation der Tretgeschwindigkeit und des Tretwiderstandes (Watt-Belastung) kann man verschiedene Trainingsaufgaben erfüllen. Die Trainingszeit auf dem Ergometer sollte etwa 30 bis 60 Minuten betragen. Diese Zeit sollte man in kleine Etappen mit unterschiedlichen Trainingsaufgaben einteilen (siehe S. 104). Begleitmusik verbessert Stimmung und Trainingsbereitschaft.

<table>
<tr><th colspan="24">Beispiel für die Einteilung eines Radsport-Trainingsjahres</th></tr>
<tr><td colspan="2">Nov.</td><td colspan="2">Dez.</td><td colspan="2">Jan.</td><td colspan="2">Feb.</td><td colspan="2">März.</td><td colspan="2">Apr.</td><td colspan="2">Mai</td><td colspan="2">Juni</td><td colspan="2">Juli</td><td colspan="2">Aug.</td><td colspan="2">Sept.</td><td colspan="2">Okt.</td></tr>
<tr><td colspan="3">einführender Mesozyklus</td><td colspan="3">Grundlagen-Mesozyklus 1</td><td colspan="3">Grundlagen-Mesozyklus 2</td><td colspan="3">Vorwettkampf-Mesozyklus</td><td colspan="2">Wettkampf-Mesozyklus 1</td><td colspan="2">Wettkampf-Mesozyklus 2</td><td colspan="3">wiederherstellend-vorbereitender Mesozyklus</td><td colspan="2">Wettkampf-Mesozyklus 3</td><td colspan="3">Wiederherstellungs-Mesozyklus</td></tr>
<tr><td colspan="12">Vorbereitungsperiode</td><td colspan="9">Wettkampfperiode</td><td colspan="3">Übergangsperiode</td></tr>
</table>

Ergometer-Trainingspläne

Man kann sich verschiedene Aufgaben stellen. Am häufigsten jedoch sollte man Ausdauer und eine hohe Tretfrequenz trainieren. Wegen der Kürze der Zeit, die man auf dem Ergometer verbringt, kann die Trainingsintensität etwas höher liegen, etwa bis an die Grenze der aerob-anaeroben Schwelle, entsprechend der früher angegebenen Intensitätsbereiche GA2 bis EB, d. h. 70 bis 80 % der maximalen Leistungsfähigkeit. Die Tretfrequenz sollte zwischen 100 und 120 Umdrehungen pro Minute liegen.

Auf dem Ergometer kann man sehr gut die Pulsfrequenz zur Steuerung der Trainings-

Folgender Grundtrainingsplan wäre zu empfehlen:
5 Minuten Warmfahren mit geringem Widerstand, Tretfrequenz ca. 110 Umdrehungen pro Minute.
6-mal 5-Minuten-Serien:

- 1. Minute 100 Umdrehungen
- 2. Minute 105 Umdrehungen
- 3. Minute 110 Umdrehungen
- 4. Minute 115 Umdrehungen
- 5. Minute 120 Umdrehungen

Dann wieder von vorne. Widerstand so, dass die Pulsfrequenz etwa bei 180 bis 190 Schlägen pro Minute abzüglich Lebensalter liegt. 5 Minuten ausklingen lassen: geringer Widerstand, 110 Umdrehungen pro Minute. Trainingseinheit insgesamt: 40 Minuten.

intensität heranziehen. Um die gleiche Pulsfrequenz immer zu erreichen, muss man mit zunehmendem Leistungsstand allmählich den Widerstand steigern. Durch regelmäßiges Training auf dem Ergometer im Bereich der angegebenen Intensität sind recht gute Leistungssteigerungen möglich. Zumindest ist Ergometertraining ein gutes radsportspezifisches Trainingsmittel für das Wintertraining.

Andere Trainingsgeräte

Außer dem angesprochenen Hometrainer (Ergometer) gibt es noch eine Anzahl anderer Trainingsgeräte, in die man das eigene Rennrad einspannen kann. Der Widerstand wird durch bestimmte Vorrichtungen geregelt. Auch diese Geräte erfüllen den gleichen Zweck (siehe Abb. rechts).

Radsportspezifische Gymnastik (Gelenkigkeitstraining)

Die Zunahme der Durchschnittsgeschwindigkeiten im Straßenradsport sowie die hohe Trainingsintensität fordern für Gelenke, Muskeln, Bänder und Haltungsapparat Vorsorge und Nachbetreuung. Deswegen ist gerade für Radsportler eine regelmäßige Ausgleichsgymnastik, welche betont auf Gelenkigkeit ausgerichtet ist, notwendig. Alle Gelenke, von unten nach oben, müssen locker und geschmeidig gehalten werden. Ein besonderer Schwerpunkt ist auf die Wirbelsäulenbeweglichkeit zu legen. Das Gymnastikprogramm sollte man als Morgengymnastik in den Tagesablauf einbauen. Gelenkigkeit ist eine elementare Voraussetzung für technisch und konditionell gute Bewegungsabläufe.

Radsportspezifisches Krafttraining

Unter Aussparung der Beine, die sportartspezifisch auf dem Ergometer oder dem Rennrad trainiert werden, soll die übrige Muskulatur durch spezielle Kraftübungen gekräftigt werden. Insbesondere die Musku-

Vorrichtung zum »Hometraining« mit dem eigenen Rennrad. Wird auch von Radprofis zum Warmfahren vor Zeitfahrwettbewerben benutzt.

latur des Oberkörpers, der Arme, der Brust, des Bauches sowie des oberen und unteren Rückgrates. Prinzipiell läuft auch das Krafttraining in verschiedenen Stufen ab: Zunächst kommt es zu einer besseren Nervenversorgung der Muskulatur. Allein dadurch steigt die Muskelkraft, weil gleichzeitig mehr Muskelfasern mit Nervenreizen versorgt werden. Dazu dient vor allem das Krafttraining mit geringen Gewichten und häufigeren Wiederholungen (10 bis 20 Wiederholungen). Zur Muskelverdickung (Hypertrophie) kommt es erst bei Fortsetzung des Trainings mit größeren Gewichten und geringeren Wiederholungen (6 bis 8 Wiederholungen). Eine Muskelhypertrophie ist jedoch für den Radsportler nicht unbedingt erstrebenswert.
Es genügt, den Zustand der Muskulatur zu verbessern, den allgemeinen Tonus zu erhöhen. Krafttraining soll nur ein Ausgleichstraining sein, kein eigenes Training für sich. Ein bis zwei Krafttrainingseinheiten pro Woche im Winter genügen, um einen Effekt auch bis in die Wettkampfphase hinein zu erreichen.

2. Etappe (Januar, Februar, März)

Trainingsziel ist es, die Leistungsfähigkeit langsam wettkampfspezifisch zu verbessern. Neben der Grundlagenausdauer wird in einigen Trainingseinheiten die wettkampfspezifische Ausdauer mit zeitweilig höherer Intensität trainiert. Trainingseinheiten mit hohem Umfang und geringer Intensität wechseln mit solchen, die bei geringerem Umfang eine größere Intensität aufweisen. Durch lange Trainingsfahrten mit kleinen Übersetzungen (42/18 bis 42/16) schult man den Fettstoffwechsel und zwar umso besser, je knapper man sich dabei ernährt. Insgesamt geht es darum, als gute Ausgangsbasis für das ganze Jahr in dieser Zeit möglichst viele Kilometer »zu machen«. Radsportler legen unter den genannten Bedingungen in dieser Zeit etwa 3000 bis 5000 km zurück, wobei gleichzeitig ständig der runde Tritt geschult wird.
Es ist auch ein guter Tipp, wegen der besseren Wetterbedingungen zum Trainieren in ein Trainingslager in den Süden (Italien, Südfrankreich, Südspanien, Mallorca u. a.) zu reisen. Eine Dauer von ca. 2 Wochen genügt, um bei mildem Wetter noch eine ganze Anzahl Kilometer zu sammeln – ein aktiver Urlaub von hohem gesundheitlichem Wert. Nicht zu unterschätzen ist auch die psychische Wirkung der freundlichen Umgebung: Die fremdartige Landschaft mit ihrem würzigen Frühlingsduft sowie die Nähe des Meeres verhindern, dass das Training langweilig wird.
Gegen Ende der Vorbereitungsperiode nimmt die Trainingsintensität zu, der Trainingsumfang ab (Wettkampf-Mesozyklus).

Wettkampfperiode (April bis September)

Der Breiten- und Gesundheitssportler wird ab und zu an Volksradfahrten teilnehmen oder mit Freunden längere Strecken zurücklegen wollen. Der leistungsbetonte Freizeitsportler möchte vielleicht an verschiedenen Tourenfahrten teilnehmen. Der ausgesprochene Radsportler wird sich verschiedene Wettkämpfe vornehmen. Der Hochleistungssportler wird Wettkämpfe benutzen, um seine Form bis zum Wettkampfhöhepunkt des Jahres weiter aufzubauen.

Beispiel für den Aufbau der Wettkampfperiode in Zyklen		
Zyklus	**Gestaltung**	**Hauptziele**
1. Zyklus (etwa 4 bis 8 Wochen)	Allmählicher Übergang zu optimaler Wettkampfhäufigkeit; Aufbauwettkämpfe mit ansteigendem Schwierigkeitsgrad; 1 bis 2 Hauptwettkämpfe am Ende des Zyklus; Belastungsumfang im Training je nach Wettkampfhäufigkeit und Belastungsverträglichkeit etwas reduziert	Schnelles Steigern der Wettkampfleistung; Erziehung zur Wettkampfhärte; Erkennen von Schwächen und Reserven; Sammeln von Wettkampferfahrungen und Überprüfen taktischer Grundeinstellungen; Festigung der Technik unter Wettkampfbedingungen
1. Phase der Stabilisierung (1 bis 2 Wochen)	Regeneratives Training	Festigung des Trainingszustandes
2. Zyklus (etwa 4 Wochen)	Schwerpunkt liegt im Training; Erhöhen des Belastungsumfanges und der Trainingshäufigkeit; nur einzelne Wettkämpfe, keine Einschränkung des Trainings	Beseitigung der in den Wettkämpfen erkannten Schwächen
2. Phase der Stabilisierung (1 bis 2 Wochen)	Regeneratives Training	Festigung des Trainingszustandes
3. Zyklus (etwa 4 Wochen)	Wettkämpfe mit höherem Schwierigkeitsgrad als im ersten Zyklus über Aufbauwettkämpfe zu Qualifikations- bzw. Ausscheidungswettkämpfen; allmähliche Reduzierung des Belastungsumfanges im Training	Stabilisierung des Wettkampfzustandes; Vorbereitung auf Qualifikations- oder Ausscheidungswettkämpfe; Bewährung unter besonders schwierigen Wettkampfbedingungen

Der Gesundheits- und Breitensportler hat durch das Vorbereitungstraining bereits eine gute Grundlage, von der er die ganze Sommersaison zehren kann. Er kann das Training in dieser Form beibehalten, wobei er sich in den Intensitätsbereichen KB bis GA2 bewegt (siehe S. 95 ff.).
Der Leistungssportler wird mit Wettkämpfen sowie mit regenerativen und intensiven Trainingseinheiten im Wechsel darauf hinarbeiten, seine aerobe Ausdauerleistungsfähigkeit weiter zu steigern. Außerdem gelingt es ihm, die erreichte maximale Sauerstoffaufnahme zu einem größeren Prozentsatz (80 bis 90 %) über längere Zeit ausnutzen zu können. Auf diese Weise kann er ein noch höheres Tempo im aeroben Bereich durchhalten. Im Vergleich dazu kann ein Breiten-

und Gesundheitssportler vielleicht nur 60 bis 70 % seiner maximalen Sauerstoffaufnahmefähigkeit über längere Zeit nutzen. Das bedeutet, er kann über längere Zeit nur eine geringere Geschwindigkeit durchhalten, als er kurzfristig zu leisten fähig ist.
Für den Leistungssportler kann man die Wettkampfperiode in 3 Etappen unterteilen, die etwa 4 bis 6 (bis 8) Wochen dauern. Die Trainingsziele sind in der Tabelle auf Seite 107 zu erkennen. An die einzelnen Etappen schließen sich etwa 2 Wochen der Stabilisierung oder Festigung des erreichten Trainingseffektes an. In dieser Zeit fährt man im Intensitätsbereich KB (regeneratives Training) locker mit kleinen Gängen, um sich vollständig zu regenerieren und auf die nächste Etappe vorzubereiten.
Durch die Teilnahme an Wettkämpfen (Radrennen) wird die Wettkampfleistung entwickelt und stabilisiert. Wenn man an Wettkämpfen teilnimmt, kann das Wochentraining von geringerer Intensität als sonst sein. Prinzipiell kann ein Radsportler umso häufiger an Wettkämpfen teilnehmen, je höher sein Trainingsalter ist. Wer bereits 10 Jahre lang regelmäßig trainiert, hat eine ausreichende Leistungshärte, um jede Woche einen intensiven Wettkampf zu verkraften. Nachwuchsradsportler müssen mit ihren Kräften jedoch noch sparsam umgehen.
Man kann davon ausgehen, dass der Radsportler etwa 6 bis 10 Wochen nach Beginn der Wettkampfperiode in die Nähe seiner Bestleistung kommt. Niemals sollte man vergessen, nach schweren Radrennen regenerative Trainingseinheiten einzulegen, die der aktiven Erholung dienen, bis man sich körperlich und geistig vollkommen regeneriert hat. Von Zeit zu Zeit, ca. einmal pro

Beispiel für einen Wochentrainingsplan für Radrennfahrer (z. B. im Trainingslager)	
Montag:	Vormittags: lockeres Ausdauertraining (kleine Gänge) Nachmittags: 2–3 Std. Regenerationstraining
Dienstag:	Vormittags: anaerobes Training (Stehvermögen), 1 ½–2 Std. Nachmittags: lockeres Ausdauertraining 2–3 Std. (aerob)
Mittwoch:	Langes Dauertraining (180–220 km) aerob mit Rennverpflegung
Donnerstag:	Intensives Dauertraining mit Rhythmuswechsel (aerob-anaerobe Schwelle)
Freitag:	Vormittags: lockeres Regenerationstraining 2 Std. Nachmittags: lockeres Dauertraining 2–3 Std. (kleine Gänge)
Samstag:	Lockeres Spazierenfahren 1–2 Std. Rennvorbereitung, Materialüberprüfung
Sonntag:	Aufbaurennen oder langes Dauertraining (180–220 km)

Grundlagenausdauertraining im Trainingslager

Woche, sollte man auch einen ganzen Ruhetag einlegen (siehe S. 114). Bereits in der Trainingsplanung sollte festgelegt werden, wie viele Wettkämpfe man braucht, um seine Höchstleistung zu erreichen und zu stabilisieren. Gleichzeitig ist die Zeit festzulegen, die zwischen den Wettkämpfen zur Regeneration benötigt wird.

Übergangsperiode (Oktober)

Diese Phase des Überganges zwischen Wettkampfperiode und Wiederaufnahme eines gezielten Vorbereitungstrainings soll ausschließlich der aktiven Erholung dienen.

Wer des Rennrades überdrüssig ist, sollte es ruhig einmal in der Ecke stehen lassen und andere Ausgleichssportarten, die ihm besondere Freude bereiten, spielerisch betreiben. Wer Lust dazu hat, kann bereits mit lockeren Waldläufen beginnen.

Das Ziel der Übergangsperiode besteht in einer vollständigen Regeneration aller Kräfte des Organismus. Man sollte aber nicht plötzlich vollständig mit jedem Training aufhören, da es sonst zu Störungen kommen kann, die man als Entlastungssyndrom bezeichnet. Je älter der Athlet an Trainingsjahren ist, desto häufiger sollte er radsportspezifisch trainieren – auch in der Übergangsphase, aber nach Lust und Laune, locker und langsam, nur zur Regeneration.

Verhütung von Verletzungen

Im Straßenradsport gibt es folgende Ursachen, die zu Verletzungen und Schäden führen können: Geschwindigkeit, Straßenbeschaffenheit und Streckenprofil, Wetterbedingungen, Materialmängel, Dichte des Fahrerfeldes und mangelhafter Trainingszustand. Besonders die ständige hohe Konzentration beim Hinterradfahren ist wichtig, um Stürze zu vermeiden. Dazu sind Beherrschung der Technik und ein guter Trainingszustand notwendig: Denn wer an der Grenze seiner aeroben Leistungsfähigkeit fährt, lässt in seiner Reaktion nach. Am häufigsten sind Stürze mit flächenhaften Hautabschürfungen, die mit Straßenstaub verschmutzt sind. Daher sollte sich jeder Radsportler einer Tetanus-Impfung unterziehen.
In der Häufigkeit folgen Schlüsselbeinbrüche und Gehirnerschütterungen. Wegen der Gefahr der Kopfverletzungen sind mindestens Sturzkappen, besser noch Helme zu tragen. Sportschäden der Wirbelsäule, besonders bei Jugendlichen, sollte durch eine allseitige athletische Ausbildung und Ausgleichsgymnastik vorgebeugt werden, um einseitige Fehlbelastungen durch den Radsport zu vermeiden. Zur Verhütung von

Beispiel für einen Wochentrainingsplan für einen engagierten Freizeitsportler oder Leistungssportler	
Montag:	Regeneratives Training (aktive Erholung): mittlerer Umfang, geringe Intensität; dabei Technik-Schulung
Dienstag:	Intensives Dauertraining mit Langzeitintervallen; trainiert werden Grundlagenausdauer, Schnelligkeit- und Kraftausdauer
Mittwoch:	Training der Grundlagenausdauer: hoher Trainingsumfang, geringe Trainingsintensität; dabei gleichzeitig Schulung der Technik
Donnerstag:	Schnelligkeitsbetontes Ausdauertraining: hoher Trainingsumfang, hohe Trainingsintensität; mittlere Gänge mit hoher Tretgeschwindigkeit (evtl. Langzeit- u. Mittelzeitintervalle eingestreut)
Freitag:	Regeneratives Training: Trainingsumfang hoch, Trainingsintensität niedrig; Schulung der Technik
Samstag:	Schulung von Grundlagen- und Kraftausdauer: mittlerer Trainingsumfang, hohe Trainingsintensität, ab und zu große Gänge
Sonntag:	Intensives Dauertraining: hoher Trainingsumfang, hohe Trainingsintensität

Beispiel für einen Jahrestrainingsplan für Fahrer der Amateur- und Seniorenklasse I									
Monat	Radtraining						Konditionstraining		
	TE pro Woche	TE pro Monat	Dauer je TE (Std.)	Dauer Gesamt (Std.)	km je TE	km je Monat	TE pro Woche	TE pro Monat	Dauer je TE (Std.)
Nov.	1–2	4– 8	2	8–16	60	240– 480	2–3	8–12	1.30
Dez.	2–3	8–12	1.30	12–18	40	320– 480	2–3	8–12	2
Jan.	2–4	8–16	1.30	12–24	40	320– 640	3–4	12–16	1.30
Feb.	3–6	12–24	2.30	30–60	60	720–1440	2–3	8–12	1.30
März	4–7	16–28	2.30	40–70	75	1200–2100	1–2	4– 8	1.30
April	4–6	16–24	2.30	40–60	75	1200–1800			
Mai	4–6	16–24	3	48–72	75	1200–1800			
Juni	5–8	20–32	2	40–64	60	1200–1920			
Juli	5–8	20–32	2	40–64	60	1200–1920			
Aug.	4–6	16–24	3	48–72	80	1200–1920			
Sept.	4–6	16–24	2	32–48	60	960–1440			
Okt.	1–3	4–12	2	8–24	50	200– 600	1–2	4–8	1

TE = Trainingseinheit (nach K. Link)

Überlastungsschäden an den Kniegelenken sollte die Übersetzung für Jugendliche nicht zu hoch sein, damit maximale Krafteinsätze vermieden werden. Obwohl Berufsradrennfahrer in einer zehnjährigen Laufbahn etwa 300 000 Kilometer zurücklegen und dabei fast 50 Millionen (!) Pedalumdrehungen ausführen, kommt es nicht zu Gelenkschäden (Arthrosen) – ein Beweis für die gelenkschonende Fortbewegung im Radsport!

Bedeutung der Regeneration

Jede körperliche Belastung verändert das innere Gleichgewicht des Organismus. Diese Störung wird als Ermüdung empfunden und geht mit Leistungsminderung und Funktionseinbuße einher. Man unterscheidet zwischen geringer, optimaler und starker Ermüdung sowie einer Grenzbelastung mit extremer Ermüdung, die eine viel längere Regenerationszeit benötigt als die anderen Formen der Ermüdung. Die Belastbarkeit des Organismus ist bei allgemeiner Überforderung (Beruf, Familie u. a.) und bei nicht abgeschlossener Regeneration herabgesetzt, sodass die gleiche Belastung einmal als mittlere und ein anderes Mal als zu starke Belastung empfunden werden kann. Zu häufige Grenzbelastungen und Störungen der Regeneration führen auf Dauer zu einem sog. Überforderungssyndrom (»Übertraining«), das mit einer Leistungsminderung einhergeht. Wenn man sich das Gesicht eines Sportlers vor und nach einer schweren Belastung ansieht, wird man erkennen, dass eine völlige Wiederherstellung nicht nur von der Ernährung abhängt. Die biologische Grundlage eines jeden Trainingseffektes ist der sog. Zyklus der Überkompensation, d. h. der regelmäßige Wechsel zwischen Belastung, Ermüdung, Erholung und Überkompensation. Dabei wird nach Abschluss der Regeneration eine höhere Leistungsfähigkeit aufgebaut, als sie vor der Belastung bestand. Daher ist das Wort »Wiederherstellung« nicht ganz richtig, da der frühere Zustand nicht nur wiederhergestellt, sondern sogar übertroffen wird. Dieser Zustand der Überkompensation hält etwa 2 bis 3 Tage an. Aus diesen Zusammenhängen ergeben sich im Wesentlichen drei Folgerungen:

Erschöpfter Radrennfahrer nach der Zielankunft

- Das Training muss an Intensität und Umfang entsprechend der steigenden Leistungsfähigkeit zunehmen, damit auch der besser trainierte Organismus immer wieder aus seinem Gleichgewicht geworfen wird, sodass man subjektiv Ermüdung empfindet.
- Die Trainingsreize müssen häufig genug erfolgen, damit sie in die Phase der Überkompensation fallen. Nur so kommt der Organismus auf eine immer höhere Leistungsstufe.
- Trainingsreize, die vor abgeschlossener Erholung erfolgen, müssen regenerativen Charakter haben, um den noch in Gang befindlichen Regenerationsprozess im Sinne einer aktiven Erholung zu unterstützen.

Mit zunehmendem Trainingszustand und häufigeren Trainingsreizen bestimmt nicht die Belastung selbst, sondern die Geschwindigkeit der Regeneration den möglichen weiteren Leistungszuwachs. Daher ist es von großer Bedeutung, alle Methoden der Regeneration zu kennen und anzuwenden, wenn auf Dauer das Training optimale Wirkungen im Organismus auslösen soll. Dazu muss man aber wissen, dass es in der Regeneration eine schnelle und eine langsame Phase gibt.

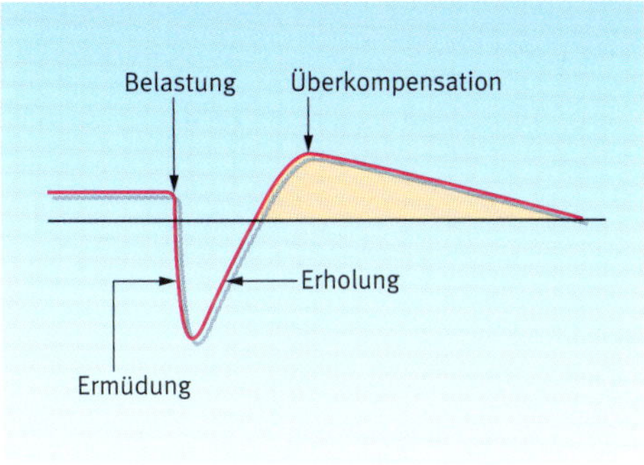

Zyklus der Überkompensation: die Erholung (Regeneration) als limitierender Faktor

Schnelle Regeneration

Sie läuft in den ersten 4 bis 6 Stunden nach der Belastung ab. Die Übersäuerung des Organismus wird beseitigt, die erhöhte Körpertemperatur wird normalisiert. Mineralstoff- und Flüssigkeitshaushalt werden wieder ins Lot gebracht. Der größte Teil der Glykogenspeicher wird wieder aufgefüllt. Das verbrauchte Muskelfasereiweiß wird teilweise wieder aufgebaut.

Langsame Regeneration

In den folgenden Stunden und weiteren 2 bis 3 Tagen werden die Glykogenspeicher weiter aufgefüllt. Dann beginnt die langsame Eiweißregeneration der stoffwechselaktiven Zellorganellen (Mitochondrien), die über 7 Tage zur vollständigen Regeneration benötigt. Das vegetative Nervensystem, besonders das von Jugendlichen, braucht nach intensiven Belastungen meist mehr als 3 bis 4 Tage zur vollständigen Regeneration. Trainingsaufbau und Regeneration müssen also aufeinander abgestimmt werden.

- Im Stadium der schnellen Regeneration (0 bis 4 Stunden) Einsatz aller Maßnahmen zur aktiven Erholung. Zusätzlich Flüssigkeit, Mineralstoffe (besonders Kalium und Magnesium) und kohlenhydratreiche Ernährung.
- In der Phase der langsamen Regeneration (4 Stunden bis 4 Tage) weiter reichlich Kohlenhydrate sowie ein erhöhter Eiweißanteil in der Nahrung. Außerdem alle Methoden der Entspannung.

Man sollte die Fähigkeit zur bewussten Regeneration ganz bewusst trainieren. Der Radsportler sollte ein Gefühl für den Grad der Belastung, der Ermüdung oder Erschöpfung bekommen, um dann ganz bewusst den Vorgang der Regeneration zu erleben und zu steuern. Nur so kann man erkennen, wann man sich wieder intensiv belasten kann. Dabei ist wichtig zu wissen: Je besser

Aktive und passive Methoden der Regeneration			
Trainingsaufbau	**Ernährung**	**Physikalische Maßnahmen**	**Entspannung**
Ausdauer Kraft Schnelligkeit Koordination (Technik) Flexibilität (Gelenkigkeit)	Kohlenhydrate Eiweiß Fett Vitamine Mineralstoffe und Spurenelemente Flüssigkeit	Massagen Bäder Sauna Klima(wechsel) Höhe UV-Licht	Schlaf Autogenes Training, Yoga, Milieuwechsel Sportfreundliche Umgebung (Familie, Beruf) Sportgerechte Lebensweise

die Grundlagenausdauer trainiert ist, desto besser ist die Belastungsverträglichkeit – und umso schneller erholt man sich auch nach stärkeren Belastungen.

Das Phänomen des Ruhetages

Wenn mehrere zu starke Belastungen hintereinander auf einen nicht erholten Organismus treffen, sinkt die Leistung. Diesen Fehler machen oft Anfänger ohne den entsprechenden Trainingszustand – und erleiden dann immer wieder Leistungseinbrüche. Der Trainingsprozess wird unregelmäßig und zur Plage. Nun gibt es zwei Möglichkeiten: Entweder die Belastungsintensität insgesamt vermindern – oder nach zwei oder drei solchen Belastungen einen Ruhetag einschalten. Dieses »Trainingsmittel« setzen auch Berufsradrennfahrer von Zeit zu Zeit ein, allerdings um schnell in Form zu kommen. Ihr guter Trainingszustand erlaubt

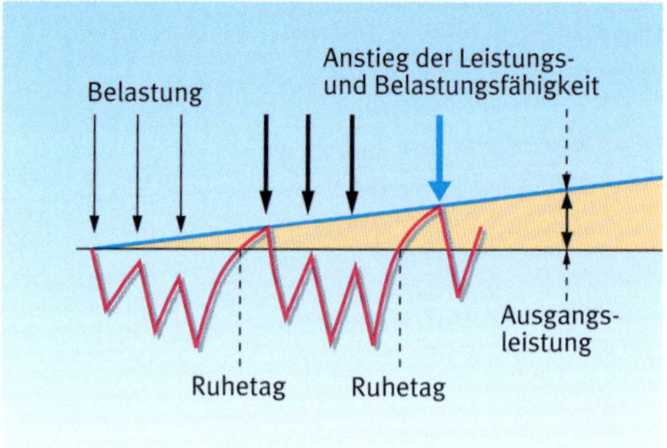

Sog. »Aufstockung der Ermüdung«: Durch drei aufeinander folgende intensive Belastungen wird die Ermüdung verstärkt. Der nachfolgende Ruhetag bringt die Regeneration bis zur Superkompensation – ein Trainingsmittel der Profis.

ihnen dieses Vorgehen: Sie setzen an mehreren Tagen hintereinander Grenzbelastungen mit stärkerer Ermüdung und provozieren so einen Leistungsabfall (sog. Aufstockung der Ermüdung). Wenn man dann einen Ruhetag einlegt, wird die Phase der Superkompensation erreicht. Ein sprunghafter Leistungszuwachs ist auf diese Weise manchmal möglich. Die Belastung gibt zwar den Anstoß – aufgebaut aber wird die Leistungsfähigkeit in der Ruhe. So gesehen ist ein Ruhetag sowohl für den Breiten- und Gesundheitssportler wie auch für den Leistungs- und Hochleistungssportler manchmal recht nützlich, besonders wenn man sich »leer« fühlt und eine gewisse Trainingsunlust verspürt.

Bei Etappenrennen wie der »Tour de France« brauchen Radsportler eine besonders ausgeprägte Fähigkeit zur Regeneration.

Frauen und Mädchen im Radsport

Radsport wird meist wegen seiner Härte als Männersportart angesehen, kann aber auch eine ideale Frauensportart sein, wenn sie richtig betrieben wird und die Besonderheiten der weiblichen Leistungsfähigkeit berücksichtigt werden. Die sportliche Leistungsfähigkeit ganz allgemein wird durch die fünf motorischen Hauptbeanspruchungsformen bestimmt:

- Ausdauer
- Kraft
- Schnelligkeit

Radsport ist auch eine ideale Sportart für die Frau.

- Technik (Koordination) und
- Gelenkigkeit (Flexibilität).

Der weibliche Organismus unterscheidet sich dabei nicht prinzipiell von dem des Mannes. Es geht mehr um graduelle Unterschiede.

Ausdauer

Ausdauer bedeutet Ermüdungswiderstandsfähigkeit gegenüber Belastungen von längerer Dauer. Darin ist die Frau, wenn sie richtig trainiert ist, dem Mann zumindest ebenbürtig, wenn nicht sogar überlegen. Wegen ihres leichteren Körperbaues, ihrer höheren Fettreserven und ihres gut trainierbaren Fettstoffwechsels hat die Frau für lange und ultralange Strecken prinzipiell sogar bessere Voraussetzungen als der Mann. Wenn es jedoch um das Tempo geht, mit dem man diese langen Strecke zurücklegt, ist dann doch der Mann im Vorteil. Da er über eine größere Muskelmasse verfügt, hat er mehr Kraft und eine größere maximale Sauerstoffaufnahmefähigkeit, d. h., er kann pro Minute etwa 10 bis 20 % mehr Sauerstoff in seiner Muskulatur aufnehmen als die Frau.

Kraft

Der Mann verfügt über eine größere Muskelmasse als die Frau und auch über die entsprechenden Hormone (männliche Keimdrüsenhormone). Daher kann er den Radsport mit größerer Kraft betreiben und größere Gänge fahren, was in der Summe ein höheres Tempo bedeutet. Die Frau kann dies teilweise durch eine höhere Tretfrequenz ausgleichen.

Frauen verfügen über einen gut trainierbaren Fettstoffwechsel – eine ideale Voraussetzung für Ausdauersportarten.

Schnelligkeit

Da die Schnelligkeit der Fortbewegung auch mit der Kraftleistung zusammenhängt, hat auch hier der Mann bessere biologische Voraussetzungen. Die Schnelligkeit von Bewegungsabläufen ist jedoch in etwa gleich.

Technik (Koordination)

Die koordinativen Fähigkeiten sind bei beiden Geschlechtern etwa gleich und in ähnlicher Weise trainierbar.

Gelenkigkeit (Flexibilität)

Die Gelenkigkeit der Frau scheint prinzipiell besser zu sein als die des Mannes, vor allem bei zunehmendem Lebensalter. Eine bessere Gelenkigkeit bedeutet aber eine bessere Bewegungsreserve bei Bewegungsabläufen.

Zusammenfassung

Die Frau kann genauso lange Strecken zurücklegen wie der Mann, wenn auch in etwas geringerem Tempo. Da beim Radfahren der Krafteinsatz der Frau geringer ist, die Fähigkeit zu Bewegungsabläufen aber durchaus besser sein kann als beim Mann, kann die Frau durch eine höhere Tretfrequenz mit geringerem Krafteinsatz diesen Unterschied teilweise ausgleichen.

Zwei Besonderheiten

1. Aufgrund des Menstruationszyklus ist der Organismus der Frau in regelmäßigen Rhythmen bestimmten hormonellen Schwankungen unterworfen, vor allem kurz vor und während der Menstruation. Diese können dazu führen, dass in dieser Zeit das Körpergewebe mehr Wasser einlagert, etwa in einer Größenordnung bis zu 1,5 kg. Hormonelle Schwankungen und Wassereinlagerungen können dazu führen, dass die Leistungsbereitschaft und die Leistungsfähigkeit der Frau in dieser Zeit vermindert ist.
2. Studien konnten nachweisen, dass Frauen im Durchschnitt deutlich mehr Schlaf benötigen als Männer, vor allem nach körperlichen Belastungen. Diese Tatsache ist für die Regeneration nach den Trainingsbelastungen sehr wichtig.

Sitzbeschwerden

Wegen des breiteren Beckens und der weiter voneinander entfernten Sitzbeinknochen benötigen Frauen einen etwas breiteren und kürzeren Sattel als Männer (siehe auch S. 35). Die »frauentypisch« und »anatomisch« geformten Sättel für Frauen (mit Rinne und Loch in der Mitte des Sattels) entsprechen nicht immer der wirklichen Anatomie der Frau und können sogar zu zusätzlichen Druckstellen führen. Die Auswahl des richtigen Sattels ist zur Vorbeugung gegen Sitzbeschwerden sehr wichtig. Dabei sollte man auch recht genau auf die richtige Sattelhöhe und Sattelstellung achten. Außerdem sollte man immer mit einer richtigen Radhose fahren, die über einen speziellen Synthetikeinsatz verfügt. Es versteht sich von selbst, dass man auch alle hygienischen Maßnahmen der Pflege der Sitzfläche beachten sollte. Schließlich empfiehlt es sich, die Sitzfläche und/oder den Synthetikeinsatz der Radhose vor jeder Radausfahrt großzügig einzucremen und zwar mit einer speziellen Sitzcreme, einer Kamill-Glyzerin-Creme oder Vaseline. Während des Radfahrens empfiehlt es sich, öfter »aufzustehen« und im Stehen oder Wiegetritt zu fahren, um die Sitzfläche in regelmäßigen Abständen zu entlasten.

Ernährung

Die Aufnahme von Nahrung dient dem Aufbau des Organismus und der Erhaltung seiner Körpersubstanz (Eiweiß), der Deckung des Energiebedarfes (Kohlenhydrate, Fette) und der Zufuhr von Stoffen, die zwar selbst keine Energie liefern, aber die Energiefreisetzung im Stoffwechsel steuern (Vitamine, Mineralstoffe, Spurenelemente, Flüssigkeit). Eine dem Bedarf angepasste vollwertige Ernährung ist die Voraussetzung dafür, dass der Radsportler eine hohe Leistung erreichen und aufrechterhalten kann. Innerhalb der Regenerationsphase müssen dem Organismus alle Stoffe zugeführt werden, die er durch die vorausgehende körperliche Belastung verbraucht oder verloren hat. Da es in der Natur kein Nahrungsmittel gibt, das alle lebensnotwendigen Stoffe in der richtigen Zusammensetzung enthält, ist eine vielseitige Mischkost aus vollwertigen Nahrungsmitteln notwendig. Durch die industrielle Verarbeitung wird der Nährstoffgehalt oft so verändert, dass das richtige Verhältnis der Nährstoffe zueinander nicht mehr stimmt. So ist die moderne Zivilisationskost gekennzeichnet durch einen zu hohen Anteil von Nahrungsmitteln, die nur »leere« Kalorien liefern, ohne die zu ihrer Verarbeitung notwendigen Stoffe mitzubringen (zum Beispiel Zucker, stark ausgemahlene Mehle, Fett, Alkohol). Weitere Schwachpunkte sind: Mangel an ballaststoffreichen Nahrungsmitteln, Mangel an Vitaminen, Mineralstoffen und Spurenelementen sowie Mangel an »lebendiger« Nahrung. Der Radsportler, der seine Leistungsfähigkeit voll entfalten will, muss diese Schwachpunkte ausmerzen – zugunsten einer vollwertigen, bedarfsangepassten Leistungskost. Vollwertig ist eine Ernährung, wenn alle fünf Ernährungsbilanzen ausgeglichen sind.

Energiebilanz

Sowohl Über- wie Unterernährung vermindern die Leistungsfähigkeit. Im Sport wird der Energiebedarf im Wesentlichen durch Intensität und Dauer der Belastung bestimmt. Der maximal mögliche Energieverbrauch hängt nicht von der zugeführten Nahrungsmenge, sondern von der maximalen Sauerstoffaufnahmefähigkeit ab. Pro Liter Sauerstoff kann man aerob ca. 5 kcal (21 kJ) gewinnen. Daher kann der Energieverbrauch pro Stunde Leistung zwischen 500 kcal (2100 kJ) im Breiten- und Gesundheitssport und 1500 kcal (6300 kJ) im Hochleistungssport schwanken. Das bedeutet etwa einen täglichen Energiebedarf von 2500 bis 3500 kcal (10 500 bis 14 700 kJ) im Breiten- und Gesundheitssport und über 5000 kcal (21 000 kJ) im Hochleistungssport. Die Energiebilanz ist ausgeglichen, wenn das Körpergewicht konstant bleibt. Das Wettkampfgewicht ist das Gewicht, mit dem man die besten Leistungen erreicht. Es kann aber meist nur über kurze Zeit gehalten werden.

Bilanz der Nährstoffe

Die Ernährung des Radsportlers sollte fettarm, kohlenhydrat- und eiweißreich sein. Das optimale Nährstoffverhältnis des Radsportlers, ausgedrückt in Prozent der zugeführten Nahrungsenergie, wäre: Kohlenhydrate 60 kcal %, Eiweiß 15 kcal %, Fett 25 kcal %. Das ist natürlich nur ein Richtwert für eine durchschnittliche optimale Nährstoffrelation. Sie sollte jedoch an die tatsächlichen Trainingsbelastungen belastungsspezifisch und individuell adaptiert werden: Bei ausdauerbetonten Trainingseinheiten wird man mehr Kohlenhydrate, bei kraftbetonten mehr Eiweiß zu sich nehmen.

Kohlenhydrate

Kohlenhydrate sind die wichtigsten Energiespender für intensive Ausdauerleistungen und für den Aufbau des Muskelglykogens. Wegen des relativen Sauerstoffreichtums der Kohlenhydrate wird mit zunehmender Intensität der Belastung zunehmend Kohlenhydratenergie zur Energiegewinnung herangezogen und so das Muskelglykogen (Kohlenhydratspeicher im Muskel) abgebaut. Kohlenhydrate sind außerdem wichtige Lieferanten von Vitaminen, Mineralstoffen und Spurenelementen. Nur vollwertige, nicht industriell verarbeitete Nahrungsmittel garantieren die notwendige Nährstoffdichte dieser Begleitstoffe.

»Leere Kalorienträger« meiden

- **Zucker, zuckerhaltige Speisen und Getränke:**
  Monosaccharide (Traubenzucker)
  Disaccharide (Rüben-, Rohrzucker)
  Süßwaren (Bonbons, Pralinen, Schokolade, Nougatcreme, Marmelade, Torte)
  Zuckerhaltige Getränke (Limonaden, Coca-Cola)
- **Produkte aus stark ausgemahlenen Mehlen (Weißmehlprodukte)**
  Weißbrot, Brötchen, Toast, Kuchen, Kekse u. a.
- **Polierter Reis**
- **Fett, stark fetthaltige und mit viel Fett zubereitete Speisen**
  Panierte Speisen (Schnitzel u. a.)
  Rohrnudeln, Pfannkuchen
  Wurst, fetter Schinken
  Eigelb (Fett, Cholesterin!) u. a.
- **Alkohol**

Nahrungsmittel mit hohem Gehalt an **Carotinoiden, Flavonen, Flavonoiden und anderen sekundären Pflanzenstoffen** sind zum Beispiel:

- **Alle dunkelgrünen und gelb-orangefarbenen Gemüse und Früchte**
  wie Karotten, Tomaten, Aprikosen, Endivie, Spinat, Rote Bete, Melonen, Papaya, Mango, Petersilie, Minze, Kresse u. a.
- **Alle roten und gelben Gemüsesäfte und Fruchtsäfte**
  wie Karottensaft, Tomatensaft, Rotwein, roter Traubensaft u. a.
- **Kohlenhydratreiche Nahrungsmittel** wie Getreide und Getreideprodukte (Körner von

Weizen, Hafer, Roggen, Buchweizen, Gerste, Hirse, Naturreis; Getreideflocken wie Haferflocken, Weizenflocken, Müsli; Vollkornbrot, Vollkornkekse z. B. Haferkekse, Vollkorn-Teigwaren; Weizenkeime), Kartoffeln, Hülsenfrüchte (Erbsen, Bohnen, Linsen), Bierhefe, Hefe, Hefeflocken, Obst und Obstsäfte.

Fette

Fette sollten weitgehend aus der Sporternährung eliminiert werden, da eine fettreiche Nahrung die Leistung mindert. Durch Training – nicht durch die Ernährung – muss der Fettstoffwechsel trainiert werden, d. h., der Organismus soll lernen, von den Fettreserven zu leben, am besten bei einem Grundlagenausdauertraining über längere Strecken. Anteile an sichtbaren und unsichtbaren Fetten in Nahrungsmitteln sollten möglichst gering sein.
Man sollte wenig, aber **hochwertige Fette** verwenden: pflanzliche Öle (vor allem Olivenöl und Rapsöl) und in geringerem Maß auch tierische Fette, besonders in Form von Fisch (v. a. Makrelen, Lachs und Hering).

Eiweiß

Das Eiweiß in der Nahrung sollte biologisch hochwertig und fettarm sein, damit prozentual genügend Platz für Kohlenhydrate bleibt. Vor allem bei tierischen Eiweißquellen (Milch, -produkte, Fleisch etc.) sollte man auf fettarme Produkte achten. Der Radsportler braucht bei intensiven Belastungen etwa 1,5 bis 1,8 bis 2 g Eiweiß pro Kilogramm Körpergewicht, je nach Intensität des Trainings.

MERKE

Auch Nüsse und Samen sind eiweißreich, aber relativ fettreich, daher nicht mehr als 30 bis 50 g pro Tag.

Energieverbrauch (kcal) eines Radsportlers während einer Stunde Training

Kategorie	Max. Sauerstoffaufnahme[1] (l/min)	Intensitätsstufen des Trainings			
		KB	GA1	GA2	EB
Breiten- und Gesundheitssport	2–4	240–480	360– 720	420– 840	X[2]
Leistungssport 960–1200	4–5	480–600	720– 900	840–1050	
Hochleistungssport 1200–1440	5–6	600–720	900–1080	1050–1260	

[1] Geschätzte Durchschnittswerte
[2] Intensitätsstufe EB und mehr sind im Breiten- und Gesundheitssport nicht angebracht

Fettarme Eiweißspender:
Fettarme Milch und fettarme Milchprodukte (Magermilch, Joghurt, Käse, Quark, Hüttenkäse), mageres Fleisch (Kalb, Rind, Hase, Reh, anderes Wild, Geflügel), Fisch (Kabeljau, Flunder, Scholle, Seezunge, Forelle, Makrele und Seelachs), Hülsenfrüchte (Erbsen, Bohnen, Linsen, Sojabohnen), Bierhefe, Hefe, Hefeflocken.

Bilanz der Vitamine

Schwachpunkte in der Vitaminversorgung des Sportlers liegen meistens bei den Vitaminen des B-Komplexes (vor allem bei den Vitaminen B_1 und B_6) sowie bei Vitamin C und E.

Nahrungsmittel mit einem hohen Gehalt an **Vitamin B_1** sind zum Beispiel:
- Hefeflocken, Bierhefe, Weizenkeime, Haferflocken, Getreidekörner, Naturreis, Vollkornbrot, Herz, Leber, Eigelb u. a.

Nahrungsmittel mit einem hohen Gehalt an **Vitamin C** sind zum Beispiel:
- Sanddornbeeren und -saft, schwarze Johannisbeeren, Kiwi, Zitrusfrüchte, Petersilie, Paprika, Meerrettich, Brokkoli, Grünkohl, Obst, Beeren, Salate, Gemüse – den höchsten Gehalt überhaupt aber haben Acerola-Kirschen und Hagebutten.

Nahrungsmittel mit einem hohen Gehalt an **Vitamin E** sind zum Beispiel:
- Keimöle, Weizenkeime, Nüsse, Sojabohnen, Erbsen, Naturreis, Getreidekörner, Haferflocken u. a.

Bilanz der Mineralstoffe und Spurenelemente

Verluste im Schweiß bestimmen den Bedarf. Der Bedarf an Mineralstoffen und Spurenelementen steigt bei Sportlern auf das Zwei- bis Dreifache gegenüber dem von nicht sporttreibenden Menschen. Dabei werden Kochsalzverluste durch die normale Zivilisationskost gedeckt, nicht aber die Verluste an Kalium und Magnesium. Kalium wird mit dem Glykogen in die Muskulatur eingebaut und dabei zusätzlich benötigt.

Nahrungsmittel mit einem hohen Gehalt an **Kalium** sind zum Beispiel:
- Fleischextrakt, Bierhefe, Trockenfrüchte (Aprikosen, Pfirsiche, Feigen), weiße Bohnen, Tomatenmark, Pistazien, Petersilie, Weizenkeime, Hülsenfrüchte, Kartoffeln, Bananen, Tomaten, Früchte, Obstsäfte, Fleisch u. a.

Nahrungsmittel mit einem hohen Gehalt an **Magnesium** sind zum Beispiel:
- Kakaopulver, Fleischextrakt, Bierhefe, Sojabohnen, Weizenkeime, Nüsse, Reis, Getreidekörner, Haferflocken, Hülsenfrüchte, grüne Salate, Seezunge, Makrele, Forelle, Rind- und Kalbfleisch u. a.

Nahrungsmittel mit einem hohen Gehalt an **Eisen** sind zum Beispiel:
- Leber, Bierhefe, Kakaopulver, Hirse, Sojabohne, Weizenkeime, Petersilie, Pistazien, Sonnenblumenkerne, Hülsenfrüchte, Haferflocken, Aprikosen (getrocknet), Spinat, Nüsse, Fleisch

Während der Belastung entstandene Kochsalzverluste sollten jedoch auch während der Belastung ausgeglichen werden (siehe S. 123).

Flüssigkeitsbilanz

Flüssigkeitsverluste treten immer zugleich mit Verlusten an Mineralstoffen und Spurenelementen auf – und in dieser Zusammensetzung muss man sie auch wieder ersetzen, da es sonst zu Störungen kommt. Schon Flüssigkeitsverluste von 2 % des Körpergewichtes (z. B. bei 70 kg 1,4 l) mindern die Ausdauerleistungsfähigkeit und von 4 % des Körpergewichtes (bei 70 kg 2,8 l) die Kraftleistungsfähigkeit. Ersetzt man die Flüssigkeit ausschließlich mit mineralstofffreien Lösungen wie Limonaden, Coca-Cola, Tee und Mineralwasser, kann es zu weiteren Störungen mit Müdigkeit und Muskelkrämpfen kommen; denn mit der Flüssigkeit muss man zugleich auch die notwendigen Mineralstoffe zuführen, am besten in Form von Obst und Obstsäften oder von Trockenobst, das sehr mineralstoffreich ist. Ein sehr gutes Getränk in dieser Hinsicht ist vor allem Apfelsaft mit Mineralwasser im Verhältnis 1:1 gemischt. Sehr gute Dienste leisten auch die von der Industrie entwickelten Mineralstoffgetränke. Man sollte auch immer auf eine ausreichende Zufuhr von Kochsalz achten, da Kochsalz im Schweiß sehr reichlich verloren geht (etwa 1,5 bis 2,5 g pro Liter). Daher ist nach wie vor ein Sportgetränk aus Tee, Traubenzucker und/oder Honig, Zitronensaft und etwas Meersalz ein gutes Rezept.

MERKE

Während der Belastung sollte man mehr auf die Zufuhr von Kochsalz achten, nach der Belastung dagegen mehr auf die Zufuhr von Kalium.

Ernährungsphasen

In der Trainingsaufbauphase, Vorwettkampfphase, Wettkampfphase und Nachwettkampfphase müssen jeweils verschiedene Schwerpunkte in der vollwertigen Ernährung gesetzt werden, um die Ernährung an den tatsächlichen Bedarf anzupassen.

Trainingsaufbauphase

Im ersten Stadium eines Ausdauertrainings wird zuerst durch ein Training mit geringer bis mittlerer Intensität die Grundlagenausdauer und damit der Fettstoffwechsel trainiert. Meistens geht es in dieser Zeit auch darum, Gewicht abzunehmen, um den Fettgewebsanteil des Körpers zu vermindern und die fettfreie, bewegungsaktive Körpermasse zu erhöhen. Dadurch verbessert sich die relative maximale Sauerstoffaufnahmefähigkeit pro Kilogramm Körpergewicht. Dazu muss man die Energiezufuhr herabsetzen, sich möglichst knapp ernähren, um den Körper zu zwingen, auf seine Fettreserven zurückzugreifen. Durch ein Training in der beschriebenen Art gibt man mehr Energie aus, als man mit der Nahrung aufnimmt. Außerdem aktiviert man durch das Training Enzyme, die den Fettabbau fördern. Vermeiden sollte man Süßigkeiten, Nahrungsmittel und Getränke mit hohem Zuckergehalt (Limonaden, Coca-Cola u. a.) sowie Alkohol.

Durch eine falsche Nahrungszusammensetzung mit einem zu großen Anteil an minderwertigen Nahrungsmitteln kann die durch das Training erstrebte Leistungssteigerung ausbleiben. Daher sollte man in der vollwertigen Basisernährung während des ganzen Trainingsjahres minderwertige Nahrungsmittel vermeiden und vollwertige Nahrungsmittel bevorzugen.

Das Gleichgewicht in der Nährstoffzufuhr wird durch ein Zuviel an Nahrungsmitteln mit überwiegend »leeren Kalorien« gestört. Daher sollte man sie weglassen (siehe Tabelle S. 120).

Die richtigen Nahrungsmittel sollte man besonders aus folgenden Nahrungsmittelgruppen auswählen:

- Kohlenhydratreiche Nahrungsmittel, die vorwiegend aus Polysacchariden (Stärke) bestehen und gleichzeitig die zu ihrer Verarbeitung notwendigen Vitamine, Mineralstoffe und Spurenelemente enthalten.
- Eiweißreiche Nahrungsmittel, die reichlich biologisch hochwertiges Eiweiß liefern und gleichzeitig nur wenig Fett enthalten.
- Hochwertige Fette in möglichst geringer Menge, aber mit einem hohen Anteil an mehrfach ungesättigten Fettsäuren (pflanzliche Öle).
- Gemüse, Salate, Obst, Trockenobst und Obstsäfte als Lieferanten von sekundären Pflanzenstoffen, Vitaminen, Mineralstoffen, Spurenelementen, Flüssigkeit und Ballaststoffen.

MERKE

Trockenfrüchte sollten immer ungeschwefelt sein, da Schwefeldioxyd Enzyme blockiert, das Vitamin B1 zerstört – und bei empfindlichen Personen Kopfschmerzen auslösen kann.

Einfache Ernährungsrichtlinien:

- Sich immer streng fettarm ernähren!
- Vor und nach hochintensiven Ausdauerbelastungen reichlich kohlenhydratreiche Nahrungsmittel zuführen (bis 60 % der zugeführten Energie)!
- In kraftbetonten Trainingsabschnitten den Eiweißanteil erhöhen (bis 20 % der zugeführten Nahrungsenergie)!
- Flüssigkeitsverluste immer mit Obstsäften (Apfelsaft u. a.), Obst und Flüssigkeit mit Trockenfrüchten kombiniert ersetzen und zusätzlich die Kochsalzverluste ausgleichen!

Vorwettkampfphase

Die letzten 3 bis 4 Tage vor dem Wettkampf dienen der Auffüllung der Glykogenreserven. Dazu muss man sie durch ein entsprechend intensives und umfangreiches Training etwa am vierten Tag vor dem Wettkampf zunächst einmal entleeren, damit sie dann im Zuge einer Superkompensation durch kohlenhydratreiche Nahrungsmittel stärker angefüllt werden.

Wettkampfphase

Verpflegung vor dem Wettkampf

Vor langen Rennen kann man 1 ½ bis 2 Stunden, vor kürzeren Rennen muss man 2 bis 3 Stunden vor dem Start essen. Da am Wettkampftag die Glykogenspeicher gefüllt sein sollten, kann die letzte Mahlzeit vor dem Start völlig normal sein, zum Beispiel 200 g Kalbssteak (gegrillt, wenig Fett), mit Kartoffeln oder Reis. Man sollte nur so viel essen, dass noch etwas Hunger bestehen bleibt, und nur Nahrungsmittel auswählen, die nicht lange im Magen verweilen. Manche Radsportler bevorzugen auch Tatar (etwa 150 g) oder ein Omelette.

Rennverpflegung

Grundsätzlich sollte jeder Straßenradrennfahrer durch systematisches Training daran gewöhnt werden, seinen Wettkampf mit möglichst geringer Verpflegung durchzustehen. Ein optimales Training des Fettstoffwechsels in der Trainingsphase und eine Auffüllung der Kohlenhydratvorräte in der Vorwettkampfphase ermöglichen eine lange Ausdauerleistung ohne Nahrungsaufnahme. Bei Straßenrennen, die über 80 bis 100 km hinausgehen, ist jedoch eine Nahrungszufuhr erforderlich. Man sollte damit 1 bis 2 Stunden nach dem Start beginnen. Bewährt haben sich kohlenhydratreiche Nahrungsmittel wie Bananen, Fruchtschnitten, Trockenobst, Reiskuchen, Eierkuchen, gefüllte Partybrötchen oder Energiebarren. Besonders wichtig ist die Nahrungszufuhr bei Kälte, bei Bergfahrten und bei den ersten langen Rennen der Saison. Es sollte nicht zu viel Nahrung auf einmal aufgenommen werden, da die gebeugte Haltung keinen großen Mageninhalt zulässt. Als Getränk für die Trinkflasche haben sich Nährstoffkonzentrate aus Mineralstoffen und Kohlenhydraten bewährt. Aber auch Apfelsaft (evtl. mit Wasser 1:1 verdünnt) oder Tee (Mate-Tee, schwarzer Tee, grüner Tee oder Brennnesseltee) mit Honig, Zitronensaft und Meersalz werden verwendet. Getränke sind besonders bei heißer Witterung wichtig; denn ein Rennfahrer kann dabei 1,5 bis 2 Liter Schweiß pro Stunde verlieren. Flüssigkeitsmangel erhöht die Körpertemperatur, mindert die Leistung und fördert die Krampfbereitschaft der Muskulatur.

Anreichen der Verpflegungsbeutel während eines Radrennens

Nachwettkampfphase

Nach schweren Radrennen bleibt trotz Flüssigkeitszufuhr oft ein Flüssigkeitsdefizit von 3 bis 4 Litern, das am Gewichtsverlust erkennbar ist und sich in Form von Durst äußert. Den Durst sollte man diszipliniert mit nicht zu kalten Getränken langsam löschen.

Die erste Mahlzeit nach dem Wettkampf sollte 1 ½ bis 2 Stunden nach dem Zieleinlauf eingenommen werden. Sie soll sehr kohlenhydratreich sein. Der Flüssigkeitshaushalt soll erst später vollständig ausgeglichen werden.

Sportgerechte Lebensweise und Körperpflege

Die Trainingserfahrungen erfolgreicher Straßenradrennfahrer zeigen, dass sie ihre guten Ergebnisse nicht nur durch regelmäßiges, zielstrebiges Training im Laufe des ganzen Jahres, sondern auch infolge einer sportgerechten Lebensweise erreicht haben. Wer raucht, spät ins Bett geht und Alkohol trinkt, kann niemals große Erfolge im Radsport erreichen. Zu einer sportgerechten Lebensweise gehören neben ausreichendem Nachtschlaf feste Lebensgewohnheiten mit regelmäßigem Tagesablauf, eine optimale Ernährung und das Ausschalten aller leistungsmindernden Faktoren. Stets sind alle Maßnahmen der Regeneration anzuwenden (siehe S. 111), damit der nächste Trainingsreiz auf optimale Voraussetzungen trifft. Morgens sollte der Tag mit Lockerungsgymnastik oder einfachen Yoga- und Atemübungen beginnen. Das fördert Gelenkigkeit, innere Sammlung und Konzentration. Der Radsportler sollte jede Gelegenheit nutzen, seinen Körper abzuhärten. Er muss unempfindlich werden gegen Wind und Wetter, Kälte und Hitze. Dazu sollte er auch im Winter draußen trainieren und nicht nur auf dem Hometrainer. Der Abhärtung dient auch die

Die Beine eines Radsportlers sind durchtrainiert, gepflegt und glatt rasiert. Sie sind relativ »dünn« und ermöglichen einen runden, lockeren »Tritt«, auch bei hohem Krafteinsatz. »Wenn die Beine gut sind, fährt man gut«, heißt es im Radsport.

Anwendung von kaltem Wasser, zum Beispiel als Morgendusche. Danach bürstet man mit einer Wurzelbürste den ganzen Körper, bis die Haut rot wird. So wird man abwehrstark gegen Infekte. Seinen Körper sollte man mindestens so pflegen wie seine Rennmaschine. Nach jedem Training sollte man sich duschen und danach seine Haut leicht einölen (zum Beispiel mit Baby-Öl). Besonders wichtig ist im Radsport die Pflege der Sitzfläche. Sie soll nach jedem Training gründlich gewaschen werden. Das Sitzleder bzw. der Synthetikeinsatz der Rennhose soll stets sauber und weich sein. Es wird vor jeder Ausfahrt mit einer Sitzcreme (nicht mit Puder) bestrichen. Wenn das Sitzleder durch Waschen und Trocknen hart geworden ist, feuchtet man es vor dem Eincremen mit etwas Wasser an, bis es wieder weich ist.

Aus verschiedenen Gründen rasieren sich Radsportler die Beine. Sie lassen sich so besser und wirkungsvoller massieren. Außerdem sieht es ästhetischer aus.

Massagen sind im Radsport besonders wichtig für Körperpflege und Regeneration. Jeder ernsthaft trainierende Radsportler sollte sich mindestens ein- bis zweimal in der Woche massieren lassen. Wenn das nicht möglich ist, kann man sich die Beine täglich vor und nach dem Training selbst locker massieren. Dazu werden sie leicht eingeölt. Das Einreiben mit Ölen und Salben, die die Hautdurchblutung steigern, sollte man nicht übertreiben, da der Nutzen nicht so groß ist, wie es aussieht: Die Haut wird zwar besser durchblutet – aber nicht die darunter liegende Muskulatur. Im Gegenteil: Durch die vermehrte Hautdurchblutung wird möglicherweise der Muskulatur Blut entzogen, sodass man gerade das Gegenteil dessen erreicht, was man wollte. Bei Kälte genügt es, die Haut dick mit einem neutralen Öl einzuölen. Bei Hitze kann man ein pfefferminz- oder mentholhaltiges Öl verwenden, um einen kühlenden und erfrischenden Effekt zu erreichen.

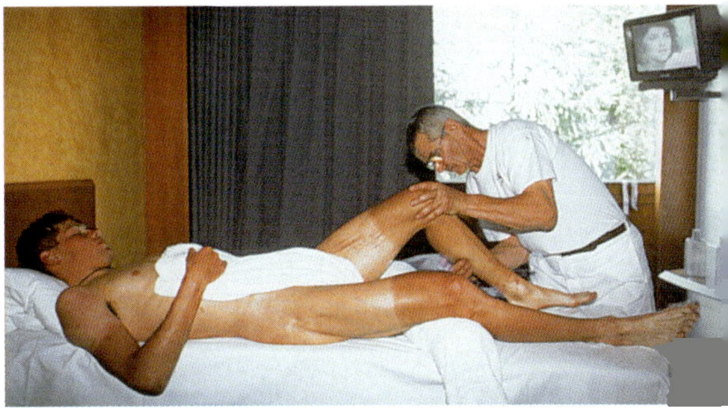

Massage, Körperpflege und Entspannung – wichtige Faktoren der Regeneration